재일조선인 아리랑

재일조선인 아리랑

망간광산에 새겨진 차별과 가해의 역사

이용식 지음/ 배지원 옮김

丹波マンガン記念館の7300日－20万來館者とともに
李龍植 著, 解放出版社

TANBA MANGAN KINENKAN 7300NICHI by Lee Yong Sik
ⓒ 2009 by Lee Yong Sik
Originally Japanese edition published by Buraku Liberation Publishing House Co., ltd, 2009.
Korean translation rights arranged with Buraku Liberation Publishing House Co., ltd,
Translation copyright ⓒ 2010 Nonhyung Pub co.

재일조선인 아리랑
망간광산에 새겨진 차별과 가해의 역사

초판 1쇄 발행 2010년 6월 14일
초판 2쇄 발행 2019년 8월 30일

지은이 이용식
옮긴이 배지원
펴낸곳 논형
펴낸이 소재두
등록번호 제2003-000019호
등록일자 2003년 3월 5일
주소 서울시 영등포구 양산로 19길 15 원일빌딩 204호
전화 02-887-3561
팩스 02-887-6690
ISBN 978-89-6357-004-4 03900
값 10,000원

이 도서의 국립중앙도서관 출판예정도서목록(CIP)은 서지정보유통지원시스템 홈페이지
(http://seoji.nl.go.kr)와 국가자료공동목록시스템(http://www.nl.go.kr/kolisnet)에서 이용하
실 수 있습니다. (CIP제어번호: CIP2010002006)

/ 유쾌한 레지스탕스

이 책을 소개하는 글을 부탁받은 뒤였다. 몇 가지 일이 있어 일본에 한 일주일 다녀올 일이 생겼다. 그렇지 않아도 단바망간기념관을 찾아가 탄광 속에 들어가 직접 체험을 하고 싶었는데, '그래 이번에 한번 가보자.'

그러나 소개의 글과 직접 견학은 표면상 구실일뿐, 실은 이 책의 저자이자 단바망간기념관의 주인인 이용식 관장을 한 번 더 만나고 싶었다. 더 구체적으로 말하자면 그와 함께 술자리를 하고 싶었다. 내 생애에 꼭 한 번은.

첫눈에 기분 좋은 사람이 있다. 유쾌하고 넓고 부드럽고 진하다.

그는 어찌 저리 유쾌하고 넓을까? 자연 그 바닥의 무게로 눈이 간다. 그래, 어렵고 무겁기에 역으로 유쾌하고 넓을 수밖에 없을 것이다. 다시 빙산이 연상된다. 표면으로 나온 9분의 1과 물 아래의 묵직한 9분의 8.

그 누가, 과연 얼마나 많은 이들이 역사를 안고 살아가고 있을까. 이용식 관장에게 역사는 추상적이거나 밖에 존재하는 어떤 대상이 아니다.

누구에게나 대상인 그 '역사'가 이용식 관장에게는 일상이다. 그가 실제 일상에서 '역사'를 인식하면서 살고 있을지 어떤지는 모르겠으나 그의 삶 전체와 역사는 하나다. 결코 갑벼지 않은 그 역사를 늘 안고 살고 있기에 아마 그는 늘 기분 좋은 사람으로 살아가고 있는 듯하다(책을 읽으며 독자들도 어렴풋이 느끼게 될 것이다).

　"일본 정부는 가해의 역사를 숨기려 하고 있습니다. 20년의 경험에서 얻은 것입니다."

　확신이라는 단어가 있다. 그런데 그 '확신'이란 좀체 얻어지는 것이 아니다. 특히 나이가 들수록 확신은 쉽지 않다. 부산의 한 세미나에서 그가 이렇게 마지막 말을 맺었을 때, 나는 '으음, 저 사람은 확신하고 있구나'라고 고개를 끄덕였다. 그런데 더 강한 표현을 만났다.

　"인생을 통해서 배웠다."

　'배웠다'는 표현이 절절하다. 그가 「뉴욕타임즈The New York Times」 기자와의 인터뷰에서 한 말이다. 일본은 차별뿐만 아니라, "일본인이라면 누구라도 소중하게 여기는 것 −사회에 대한 공헌을 평가하고, 숱한 기억들을 보존 계승해 나가는 장소− 조차 가지는 것을 용납하지 않는다는 사실을 인생을 통해 배워왔습니다." 그가 그의 아버지와 함께 일본이 지우고 싶어하는 역사를 일본 땅 안에 영원히 남기겠다고 맨손으로 기념관을 만들고 이를 유지해 나가는 인생을 살아가면서 절절히 온몸으로 깨달은 신념이리라. 일본을 향해 "일전을 벌이고 있다"는 「뉴욕타임즈」 기자의 표현이 어쩌면 가장 분명하고도 명확하게 단바망간기념관과 이를 세운 이정호(아버지)와 이용식(아들)을 묘사한 말일 것이다.

이 책은 일본 땅 안에서 유일하게 일본의 가해 역사를 증언하는 '단바망간기념관'을 둘러싼 이야기로 구성되어 있다. 책을 열면 바로 기념관을 세운 '이정호'라는 인물을 만나게 된다. 그의 삶이 아들인 저자의 필치로 소개된다. 이 이정호의 삶은 바로 재일조선인의 삶이기도 한데, 저자와 마찬가지로 그의 아버지 이정호는 매력적인 인물이다.

먹물이 들지 않은 사람들, 민초들의 지혜는 단단하고 건강하다.

삶이, 특히 고난의 삶이 만들어 내는 이 강건한 지혜들을 이 책에서도 즉 이정호에게서도 확인할 수 있다. 대부분 무학인 재일조선인 1세들의 말에는 종종 보석과 같은 말들이 들어 있다.

역사를 아이스크림처럼 맛볼 수는 없을 것이다.

그것도 어둡고 무거운 우리의 근현대사를, 그 일부인 재일조선의 역사를.

이 책이 지닌 덕목의 하나일 것이다. 결코 아이스크림처럼은 아니겠지만, 어떤 정겨움으로 우리는 그 고난의 역사를 접할 수 있다. 저자는 그 아버지와 자신의 삶을, 이를 둘러싼 세계를 참으로 객관적으로 묵묵히 우리에게 들려준다. 우리는 어느새 그동안 몰랐던 재일조선인의 세계와 역사 속으로 들어가 그 전체상을 알고 이해하게 된다. 이렇게 편하고도 알기 쉽게 재일조선인을 이해할 수 있는 책이 세상에 있었던가? 결코 흔하지 않다. 이 책은 나에게 무엇보다 기쁨이었다. 저자의 담담한 필치에, 아니 그 인품과 노력에 반가운 감사를 전하고 싶다. 고등학교 중퇴인 저자는 10년을 공부했다고 한다.

우리가 이 책을 통해 얻을 수 있는 것은 재일조선인의 역사만이 아니다. 우리는 아주 가까운 거리에서 일본이라는 나라를 구체적이고 생생하게 느낄 수 있다. 이정호와 이용식의 삶을 통해 자연스레 마치 자신이 겪은 일처럼 일본을 체험할 수 있다. 그리고 그 체험은 일본의 본질에 대한 명확하고도 명쾌한 인식으로 우리를 안내한다.

일본은 중국이나 한국, 아시아와 손을 잡지 않고는 앞으로 살아갈 수 없다. 길이 없다.

그런데 중국이나 한국, 아시아로부터 일본은 결코 환영받지 못하고 있다.

마오쩌둥이 전후배상은 필요 없다고 해서 중국인들이 과거를 용서한 것은 아니다. 중국인들은 바보가 아니다. 그런데 일본인들은 전후 문제는 끝났다고 생각한다. 지금 몇 명이라도 피해를 입은 중국인들이 살아있을 때 찾아가서 배상을 해야 한다. 시간이 얼마 남지 않았다.

일본이란 나라는 전쟁과 식민지로 나쁜 짓을 한 나라라는 역사만이 아니라 여기에 더해 이에 대한 반성과 배상도 거부한 나라라는 또 하나의 나쁜 '역사'를 만들고 말았다. 지우기 힘든 부정적 역사를 자신들의 후손에게 또 하나 남기고 만 것이다.

이용식 관장이 다시 나를 교토역에 배웅해주며 차 안에서 한 말이다. 맞는 말이다. 일본의 본질의 한 면을 보여주는 말일 것이다. 그리고 바로 '단바망간기념관'과 이 책은 가시처럼, 저자의 표현으로는 레지스

탕스처럼, 일본 땅 안에 자리 잡고 있다. 그러나,

나는 덧붙이고 싶다.

한국(남쪽)은 재일조선인을 돈 주고 팔아먹었다. 우리가 일본에 대해 역사를 반성하지 않는다고 목소리를 높이기 전에, 먼저 우리는 재일조선인(재외동포)에 대한 옹졸한 우리의 역사를 직시해야 한다. 그 부끄러움을 알고 이를 반성하고 치유해야 한다.

'단바망간기념관'과 이 책은 한국의 양심 한복판에도 자리하고 있는 것이다.

어떤 것을 숨기거나 피하는 것은 진정한 사랑이 아니다.

일본도 우리도 마찬가지일 것이다. 진정으로 일본인들이 일본을 사랑한다면, 우리가 우리를 걱정한다면 사실을 사실대로 직시하고 받아들이는 용기가 필요할 것이다. 단바망간기념관은, 이정호와 그의 아들 이용식은 결코 속 좁은 반일주의가 아니다. 깊숙한 곳의 사랑이리라. 인간과 사회에 대한.

단바망간기념관을 다시 일으켜 세우는 일, 그것은 이제 일본 사회와 우리의 몫임이 분명하다.

황의중
KIN 운영위원장

차례

/ 들어가며

시정詩情이 넘치는 마을 – 게이호쿠京北. 굽이치는 명산을 비치는 가쓰라
강桂川의 상류에 자리한 게이호쿠는 교토 시내에서 국도 162호선을 따라
북으로 약 1시간 거리. 주변은 산들로 둘러싸여 청류를 따라 기타야마 삼
나무의 아름다운 숲이 이어지는 고요한 마을이다. 역사적으로도 수도와
깊은 관계를 지녔던 까닭에 가는 곳마다 문화유산과 예스러움이 담긴 축
제들이 많다. 자연과 사람과 시간의 연결이 모호해진 현대에 마을은 우
리들에게 유대감이란 것을 말하고 있다. – 게이호쿠 상공회 홈페이지에서

이 글에는 게이호쿠(현 교토시 우쿄쿠 게이호쿠)의 절경과 평화로운 모
습만이 묘사되어 있습니다. 단바 게이호쿠초京北町[1] 망간광산에서 수많
은 조선인이 가혹한 노동을 강요당해 진폐증으로 고통 받다 죽어간 사실
에 대한 언급은 한 줄도, 아니 단 한 글자도 찾아볼 수 없습니다.

---

1 '초(町)'는 일본의 지자체 단위의 하나로 대체로 시(市)보다는 작고 이(里)보다는 크다. 한
국에는 이러한 지자체 단위가 없으므로 본 번역문에서는 문맥에 따라 '마을'로 번역하기도
하였다(역자주).

나의 아버지 이정호李貞鎬는 1934년 한반도에서 건너와 게이호쿠초에서 살았습니다. 그때 아버지가 두 살 이었습니다. 아버지는 1995년 돌아가시는 날까지 트럭운전수 조수를 비롯해 온갖 일을 해왔습니다. 그중에서도 망간광산에서의 일에 아버지는 가장 열정을 쏟았습니다. 좁은 광산의 갱도에서 쭈그린 자세로 포대에 200킬로그램이나 되는 망간 광석을 넣어 등에 지고 나르는 노동은 상상을 초월할 정도로 가혹한 것이었습니다. 200킬로그램이라고 하면 거짓말처럼 들릴지 모르겠지만 토사를 75킬로그램이나 넣을 수 있는 토사 가마니를 한 번에 세 개씩 짊어졌던 것입니다.

　　아버지와 동포들이 운반한 망간은 건전지, 맥주병 등 사람들이 일상에서 사용하는 필수품을 만드는 데에 사용되었고, 국가의 기반이 되는 철강을 생산하는 데 필수적인 것이었습니다. 이런 목숨을 건 조선인들의 노동으로 일본인들의 생활은 윤택해졌지만, 그것에 대한 일본과 일본인의 '보답'은 물에 빠진 자에게 채찍질을 가하는 것과 같은 잔인한 '차별'이었습니다.

　　그러나 아버지는 고된 노역에도, 그리고 차별에도 지지 않았습니다. 그러던 아버지가 돌연 어느 날, 망간광산에 박물관을 세우겠다고 말씀하셨습니다. 진폐증으로 숨 쉬는 것조차 괴로워하시던 아버지는 거친 숨을 몰아쉬면서 '망간박물관은 내 무덤이 될 거다', '조선인의 역사를 남기는 일이다'라고 말했습니다.

　　망간 광맥이라도 뚫을 듯한 강한 아버지의 유지가 불가능을 가능으로 만들었다고 생각합니다. 게이호쿠초 고립무원의 한 조선인 일가가 조

선인의 역사를 남기겠다는 뜨겁고 뜨거운 가슴으로 두텁고도 두터운 차
별의 암반을 깨부수어 갔던 것입니다. 그리하여 1989년 5월, '단바망간
기념관'이 탄생하였습니다. 이 책은 이후 20년 세월 동안 20만 방문객과
함께 걸어온 '단바망간기념관' 7300일의 기록이기도 합니다.

2009년 4월 27일 개관 7300일

이용식

1부
'단바망간기념관' 7300일

1장

아버지, 어머니가 걸어온 길

아버지의 고향, 경상남도 김해군

'단바망간기념관'은 아버지 이정호의 역사이기도 합니다. 아버지의 출생부터 쓰고자 합니다. 역사적 사실에 대해서는 '이정호'라는 이름을 쓰겠으나 제가 체험한 것들에 대해서는 일상적으로 사용했던 우리말 호칭인 '아버지'라는 용어를 쓰도록 하겠습니다.

또한 용어의 문제인데 '재일조선인', '재일한국 · 조선인', '재일코리안' 등의 역사적인 배경을 지닌 용어 사용에 대해서는 '재일조선인'이라는 말을 쓰겠습니다. '재일조선인'이라는 용어는 식민지 지배의 결과로서 일본사회에 등장한 역사적 연원을 가진 용어이지만, 해방(1945년 8월 15일) 이후 60여 년 동안 남북이 분단되고 냉전체제가 계속된 까닭으로 '재일한국조선인', 혹은 '재일조선한국인' 등의 용어가 등장하였고, 1990년대 냉전체제가 붕괴한 이후에는 '재일코리안'이라는 말이 사용되기 시작했습니다. 저는 역사적인 경위를 중시한다는 의미에서 '재일조선인'이라는 용어를 쓰고자 합니다. 일본의 외국인등록증 국적난의 한국적, 조선적을 포함하는 용어로 사용하지만, 분명하게 한국 국적을 가리키는 경우에는 재일한국인이라는 말을 사용하겠습니다.

아버지는 생전에 당신의 출생에 대해 '조선에서 태어나자마자 부모님과 함께 일본에 왔는지, 부모님이 교토에 오자마자 내가 태어났는지 어느 쪽이 사실인지 모른다'고 말씀하곤 했습니다.

그러나 당신의 출생일만은 1932년 10월 31일이라고 하셨습니다. 사실 아버지가 1995년 3월 23일 타계하신 뒤 한국의 관청에 보관되어 있던 호적을 보게 되기 전까지 우리는 아버지의 실제 생일을 모르고 있었습니다.

호적을 보면 아버지의 생년월일은 1932년 12월 14일입니다. 1932년까지는 맞았지만 돌아가신 뒤에야 태어난 정확한 출생일을 알게 된 것입니다. 또한 아버지는 출생지를 경상남도 김해군이라고 하셨는데 호적에 따르면 출생한 정식 지명은 경상남도 김해군의 김해면 내동리였습니다. 그리고 이정호의 아버지는 이봉구李奉九이고 어머니는 박선출朴善出이라고 되어 있습니다. 그러나 이정호貞鎬의 실제 이름은 정호貞浩로 등록되어 있었습니다. 호적에 원래 쓰여 있던 '貞浩'가 왜 훗날 '貞鎬'로 바뀌었는지에 대해서는 뒤에서 쓰겠습니다.

아버지 집안은 조선왕조시대의 신분으로 말하자면 양반이었습니다. 양반이라고 하면 지배계급에 속하는 신분이었습니다. 그러나 아버지는 나에게 '절대 다른 사람에게 말해서는 안 된다'고 엄하게 일렀습니다. 아버지는 조선이 식민지가 된 시대에 양반들이 일본에 협력해서 양반들이 조선을 망쳐놓았다는 인식을 갖고 있었습니다. 아버지는 신분에 집착하는 것처럼 멍청한 일은 없고 더욱이 양반이라고 자처하는 일은 일본의 조선 식민지화를 합리화하는 것으로 연결된다고 생각하셨던 것 같습니다.

아버지의 고향 김해군은 한반도 최남단에 위치하고 있습니다. 일본인들이 잘 아는 부산에서 멀지 않은 곳입니다. 2000년, 제가 처음으로 찾아갔을 때는 고층 아파트가 즐비하게 서있었습니다. 현재 김해군은 김해시가 되었고 근처에는 김해공항이 있습니다. 아버지가 태어날 당시에는 전형적인 곡창지대였고 대다수의 사람들이 농사를 지었고 많은 사람들은 농사짓는 소작인이었다고 합니다. 아버지의 부모님도 농사를 지으셨습니다. 그러나 그분들도 다른 사람들과 마찬가지로 영세한 농사일로 결코 편한 생활을 영위하지는 못하셨습니다.

농사로 겨우 생계를 유지하는 부모님의 힘든 생활을 더욱 고통스럽게 한 것은 일본의 식민지 지배였습니다. 일본은 근대에 들어 한반도에 대해 군사적 침략을 되풀이하고 있었고, 1910년 8월 '한일병합'에 의해 조선은 일본의 식민지가 되었습니다. 그리고 일본은 식민지 지배에 저항하는 조선인을 무력으로 다스리는 이른바 '무단정치'를 펼쳤습니다. 또한 일본은 토지소유자를 확정하기 위해 토지대장을 정리한다는 명목으로 '토지조사사업'을 시행했고 조선인으로부터 신고가 없는 토지는 국유지화하여 조선 총독부의 관할 아래 두었습니다. 이 과정에서 제도를 이해하지 못하는 대부분의 조선인들이 토지를 빼앗겼습니다.

1919년에 식민지 지배를 타파하고자 3·1독립운동이 거세게 일어나자, 일본은 1920년대에 들어서 조선인들을 길들여보겠다며 '문화정치'를 펼치기 시작했습니다. 그리고 일본의 쌀 부족 현상을 해소하기 위해 조선의 쌀 생산을 높이고 이를 일본에 송출하겠다는 '산미증식계획'도 추진되었습니다. 이 계획에 의해 지주제 아래서 소작인으로 일하던 조선인들은 쌀을 생산하면 할수록 소작료 등을 수탈당하게 되었고, 생활은 한층 더 악화되어 갔습니다.

1929년 미국에서 시작된 세계 대공황은 일본과 조선에도 영향을 미쳤는데 특히, 조선에 큰 타격을 가져왔습니다. 1930년 조선총독부의 조사에 따르면 조선인의 약 절반이 토지와 일자리를 잃고 실업자로 몰리는 상황이었습니다. 당연히 김해군도 큰 타격을 받았고 일본으로 건너가 일자리를 구해 활로를 찾으려하는 사람들이 많아졌습니다.

아버지 일가도 이처럼 일을 찾아 식민지인 조선에서 일본으로 건너왔던 것입니다.

아버지의 부친 이봉구에게는 형 봉율奉律이 있었습니다. 저에게는 큰할아버지가 되는데 아버지는 이분을 아버지로 섬겼기 때문에 저에게는 할아버지와도 같은 존재였습니다. 봉율은 일찌감치 일본에 와 있었습니다. 봉율은 교토에서 송전선 철탑 자재를 어깨에 짊어 나르는 일을 하고 있었습니다. 할아버지는 형 봉율을 의지하여 일가 모두를 데리고 일본에 건너왔던 것입니다. 아마도 할아버지 봉구는 형 봉율과 같은 일을 했었을 것입니다.

가족 모두 일본으로

아버지는 생전에 당신이 두 살 때인 1934년에 일본에 건너왔다고 말씀하셨습니다. 이것은 아버지가 실제로 기억하고 있었다기보다는 누군가로부터 들은 이야기였을 것입니다. 1934년 8월에 아버지의 동생이 태어났습니다. 이성수成秀라고 이름 지었습니다. 동생은 교토부 후나이군 소노베초園部町 오야마小山(현 교토부 난탄시 소노베 오야마)에서 태어났다고 합니다. 따라서 아버지의 부모님은 아버지가 태어난 1932년 12월 4일부터 동생 성수가 태어난 1934년 8월까지 약 1년 반 사이의 어느 시점에 일본에 건너왔을 것입니다. 그리고 당시 가족이 살던 곳은 소노베초 오야마였겠지요.

아버지가 도일하고 1년 정도 지나, 부친 이봉구가 맹장염에 걸렸는데, 그만 치료가 늦었습니다. 결국, 1935년 1월 4일 지금의 교토부립 의료대학 부속병원에서 27세의 젊은 나이로 세상을 떠나고 말았습니다. 아버지가 세 살 때였습니다. 아버지의 어머니 박선출은 할 수 없이 두 아이를 데리고 조선으로 돌아가려 했습니다. 그러나 봉율은 박선출이 조선으로 돌아가 재혼이라도 하면 '이봉구의 이름을 계승할 사람이 없어진다'고 생각하고, 제 아버지만이라도 일본에 두고 가라고 박선출을 설득했습니다.

이 부분은 약간 더 설명이 필요할 것 같습니다. 당시 호적제도에서는 아버지의 어머니가 남편을 떠나보내고 혼자 몸이 되어 재혼을 하게 되면, 즉 제 아버지의 성은 새 아버지의 성으로 바뀌게 됩니다. 즉 '이'라는 이름이 사라지게 되는 것을 의미합니다. 이것이 큰할아버지 봉율이 말한 '이봉구를 계승할 사람이 없어진다'는 말의 의미였습니다.

그러자 박선출은 울부짖는 정호를 일본에 남겨두고 또 한 명의 자식인 성수를 데리고 시어머니가 계시는 봉구의 고향, 김해군 김해면으로 돌아간 것입니다. 그런데 2년 뒤 시어머니가 돌아가시자 시댁을 나와 아버지의 어머니는 1940년 7월 같은 마을의 남성과 재혼하여 호적에서 이름을 지우게 됩니다.

박선출은 남편의 죽음 등으로 인해 필시 매우 괴로웠을 것입니다. 한편, 아버지는 어린 나이에 어머니와 생이별을 한 것이나 다름없으니 어머니에 대한 그리움이 얼마나 컸을지 짐작할 수 있습니다. 생전에 아버지는 입버릇처럼 '한국에 돌아가 어머니를 모시고 와서 나중에 이북에 가겠다'고 말하곤 했습니다.

일본에 혼자 남겨진 아버지는 숙부인 봉율에 의해 키워졌고, 봉율을 아버지처럼 섬겼습니다. 앞서 아버지의 이름 정호貞鎬는 호적상에서는 정호貞浩였습니다. 봉율에게는 장남과 장녀에 이어 1934년 차남 이성호成鎬가 태어났는데, 제 아버지는 성호보다 두 살 위였습니다. 봉율은 성호와 정호 두 사람을 똑같이 대했고, 정호를 친아들처럼 키웠습니다. 봉율이 호적에서 '貞浩'였던 것을 '貞鎬'로 개명시킨 것은 성호와 한 글자를 같게 함으로써 친 형제처럼 여겼기겠다는 뜻이었을 것입니다. '貞浩'도 '貞鎬'도 우리말로 읽으면 모두 '정호'입니다. 그러나 봉율은 이 사실을 살아생전에는 정호에게 알려주지 않았습니다.

아버지의 소년 시절
아버지는 교토부 후나이군 히요시초日吉町(현 교토부 난탄시 히요시, 이하 히요시초로 표기)에서 자랐습니다. 봉율은 함바[1]에서 살았는데 여기에서는 자식들이 학교를 다닐 수 없었습니다. 그래서 봉율은 히요시초에 집을

---

1 광산, 토목공사, 건축 현장 등에 임시로 만든 노동자들의 집단 합숙소를 말한다(역자주).

빌렸고 아버지는 히요시초에 있는 고카쇼 진조尋常소학교[2]에 다니게 되었습니다.

아버지는 공부를 꽤 잘 해서 성적은 우수하였고 성적표는 모두 '갑' 즉, 지금으로 말하면 모두 만점이었습니다. 평소에는 만화책만 읽었다고 하지만 선생님이 질문하면 바로 그 자리에서 정답을 맞혔다고 합니다. 선생님이 안 계실 때에는 선생님 대신에 수업을 하기도 해 주위에서는 '천재'라고 불렀다고 합니다. 이것은 단순히 아버지가 자기자랑으로 하는 말은 아니었습니다. 아버지의 동창생들이 모두 입을 모아 '대단히 머리가 좋았다'고 말하는 것을 보면 모두가 인정했던 사실이었던 것 같습니다.

아버지가 고카쇼 진조소학교 5학년 때 새로 온 교사가 담임이 되었습니다. 담임선생은 성적이 우수하고 행동력이 있는 아버지를 학급위원장으로 뽑으려고 했다고 합니다. 이 교사는 조선인을 특별히 차별하지 않고 인물을 먼저 보았던 사람이었습니다. 그러나 학부모들이 맹렬히 반발하며 담임선생님께 항의했습니다. 항의 이유는 '조선인을 학급위원장으로 한다니 무슨 짓이냐'라는 차별적인 발상이었습니다. 조선은 일본의 식민지이기 때문에 조선인은 일본인보다 아래에 있으며, 조선인은 '야만인'이라는 우월감이 표출된 항의였습니다.

일본인의 조선인에 대한 우월감, 차별은 아무리 보아도 불합리한 것입니다. 일본은 근대 전까지 기술이나 제도의 대부분을 중국이나 조선에

---

2 진조소학교는 메이지시대에서 쇼와시대 초기까지 있었던 초등교육기관의 명칭으로 후에 국민학교로 변경되었다(역자주).

서 들여왔고, 중국과 조선은 일본에게 이른바 선생과도 같은 존재였습니다. 그러나 빠르게 진행된 근대화와 식민지 지배로 일본에서는 중국과 조선, 특히 조선은 일본보다 문화적으로 열등한 지역이며 조선인은 '야만인'이라는 우월감과 차별의식이 강해졌습니다. 이러한 차별의식이 오늘날까지 이어지고 있습니다.

아버지는 중학교까지 다니셨는데 성적이 우수하였기 때문에 선생님은 봉율을 찾아가 '고등학교에 진학하길 바란다'고 부탁하기도 했습니다. 아버지도 고교 진학을 소망하고 있었습니다. 그러나 당시 봉율의 생활은 궁핍하였고 그러한 선생님의 열성적인 제안에 부응할 수 있는 처지가 못 되었습니다.

아버지는 중학교를 졸업하고 15세가 된 1947년부터 트럭 운전수를 따라다니며 조수 일을 했고 그 뒤에는 규석이 채굴되는 광산에서 광부 견습생이 되어 일했습니다. 규석은 내구성 벽돌의 원료로 쓰이거나 부싯돌로 활용되는 귀중한 광물이었습니다. 아버지는 '보이마와시'[3]라고 불리는 잡무를 맡았습니다('보이마와시'란 기술자나 숙련자의 보좌역으로 도구를 가지러 간다든지 혼자서는 할 수 없는 일을 담당하는 잡무를 말한다). 공부에 대한 향학심을 마음속에 간직하면서도 집안을 지켜 가기 위해 일을 할 수밖에 없었습니다.

그리고 1948년, 아버지는 봉율을 따라 망간광산에서 처음 일하기 시작했습니다. 16세 때의 일이었습니다. 아마 18세로 속여 고용되었을 것

---

3 보이마와시(ぼいまわし)라는 말은 본디 시즈오카 지방의 방언으로 '분주하게 뛰어다니는 일'이라는 뜻을 가지고 있다(역자주).

입니다. 처음에는 큰 망치로 정을 내리쳐 다이너마이트를 설치할 구멍을 만드는 일을 했습니다. 그러나 일 하는 요령을 제대로 가르쳐주는 사람이 없어 다치게 되었고 상처가 아무는 날이 없었습니다.

다이너마이트의 도화선은 값이 비싸기 때문에 되도록 짧게 아껴 썼는데, 다행히도 폭발 사고 등으로 부상을 입는 일은 발생하지 않았습니다. 도화선의 길이는 안전을 생각해서라도 1미터 이상은 되어야 한다는 규칙이 있었지만, 10년 넘게 그 규칙조차 모르고 있었던 것입니다. 그러고도 폭발사고로 큰 부상 없이 넘겨온 것을 보면 아버지는 참으로 운이 좋았던 것 같습니다.

내 어머니

제 어머니는 임정자任靜子입니다. 어머니의 아버지가 원래 살던 곳은 전라남도 여천군 삼산면 덕촌리라는 곳으로 여수항에서 배를 타고 가야 하는 섬이었습니다. 어머니의 아버지는 1897년 1월 27일 이 섬에서 태어났습니다. 임정자의 어머니 조기묘의 고향은 알 수 없지만 나중에 한국에 가서 호적을 조사해보니 1907년 12월 23일 출생이라는 것을 알았습니다.

이 섬은 지금도 전라남도 여수항에서 배로 두 시간 정도 소요되는 섬입니다. 큰 섬과 작은 섬이 서로 기대고 주민들은 전답이 넓게 자리한 큰 섬에 주로 살았다고 합니다. 그러나 일본 육군이 육군 기지를 만든다고 침략해왔습니다. 그리고 전답이 없고 바위뿐인 작은 섬으로 주민들을 강제 이주시켰습니다. 어업과 농업으로 생계를 잇던 주민들은 더 이상

농사를 지을 수 없게 되었고, 그 결과 많은 사람들이 일본으로 갈 수밖에 없는 처지가 되었습니다. 어머니의 가족도 일자리를 찾아 일본으로 이주했습니다.

어머니 임정자는 1933년 3월 18일에 태어났습니다. 결혼하기 전에는 오사카의 짓코築港에 살았습니다. 가족은 부모님과 남자형제가 다섯 명, 자매가 두 명으로 9인 가족이었습니다. 어머니에게는 오빠가 네 명이었고 어머니가 장녀였습니다. 일가는 공습으로 인해 짓코의 집이 불타 버리자 나가라長柄로 옮겼는데 이곳도 불타 버려 텐마天滿로 이사했습니다. 공습 피해를 계속 받아왔던 것입니다.

텐마에서 어머니의 아버지는 약병을 제조하는 앰플 공장을 경영했고 꽤 유복했습니다. 예를 들어 집에 손님이 오면 케이크를 내기도 할 정도로 생활에 여유가 있었던 것 같습니다. 이런 가정에서 자란 어머니는 당시의 조선인으로서는 드물게 정월이 되면 여동생과 일본식 설빔 옷을 입을 정도였습니다. 그러나 정자는 철저히 일본식의 생활을 하였기 때문에 자신이 조선 사람이라는 것을 모르고 있었습니다. 그도 그럴 것이 의식주는 일본인과 똑같았고 유일하게 달랐던 것은 김치를 먹는다는 것 정도였습니다. 또한 아버지는 '나카하라 히라요시'라는 통명을 사용했고 그 어머니는 '묘코'라는 이름을 썼습니다. 그러나 소학교에 입학해 정자가 조선인이라는 것이 알려지자 일본 아이들로부터 차별을 받게 되었고 아이들은 '조선으로 돌아가라'는 등 험궂은 야유를 해댔다고 합니다. 또한 가족이 짓코에 살고 있었을 때 종종 어머니의 집에만 마을의 공동 알림판이 돌지 않아서 우유 배급 소식을 알지 못했던 일도 있었다고 합니다. 어머니께서 '남동생에게 줄 우유가 없어 고생했다'고 말씀하셨던 것을 기억하고 있습니다.

1945년 3월 오사카 대공습으로 오사카는 모든 것이 불타버려 허허벌판이 되었고 경영이 궤도 올랐던 앰플 공장도 타버렸습니다. 그래서 외할아버지는 생선가게, 시계가게, 전당포 등 계속 새로운 일을 전전하였지만, 결코 경제적으로는 유복할 수 없었습니다.

함바에서 시작한 부모님의 결혼생활

아버지는 열심히 일하는 성실한 청년이었기에 혼담을 맺어보려는 조선인이 있었습니다. 그래서 1951년 아버지는 17세의 나이로 임정자와 결혼했습니다. 어머니 말씀으로는 결혼할 때까지 단 한 번도 만나지 못했고 결혼하는 날 처음으로 남편이 될 아버지의 얼굴을 보았다고 합니다. 소개한 조선인을 중간에 두고 양쪽 부모가 마음대로 혼사를 결정한 것이었습니다. 어머니는 16세 때 아버지가 돌아가셨는데, 모친이 '딸은 어릴 때 빨리 시집보내야 한다'고 항상 말했기 때문에 결혼이 조속히 결정되었다고 합니다. 이는 아버지 쪽도 마찬가지여서 큰아버지인 봉율의 강한 권유가 있었다고 합니다.

카메라가 보급되지 않았던 시대였기 때문에 중매인이 상대방의 사진도 없이 혼담을 나누는 것은 흔한 일이었다고 합니다. 어머니가 아버지를 처음 본 것은 결혼으로 함께 한 날이었고, 어머니는 아버지가 실제 나이 이상 들어보여서 어머니는 '뭐야, 나이가 꽤 들었네! 아저씨로구만'이라고 속으로 생각했다고 합니다.

결혼식은 히요시초 야마가케 본선 도노다역(현 히요시초역) 가까이에 있었던 봉율의 집에서 올렸습니다. 이후 어머니는 봉율의 집에서 살았습니다. 결혼은 했지만 아버지는 금방 게이호쿠초 가미가와 지구의 메메다니라는 곳에 있는 시모노타니下谷광산으로 요즘 말로 하자면 단신 부임했기 때문에 한 달에 두 번 정도 빨랫감을 가지고 돌아올 뿐이었습니다.

그 사이에 시모노타니광산에 함바가 생겨 아버지와 어머니는 함바로 옮겨가 같이 살게 되었습니다. 이사하던 날 당시의 일을 어머니는 잘 기억하고 계셨습니다. 눈이 보슬보슬 내리는 날 히요시초에서 트럭 짐칸에 올라타 사람들이 보이는 마을을 지나 인적 드문 깊은 산골 속 함바를 향했습니다. 오사카에서 온 어머니는 히요시초도 시골인데, 산골짜기로 더 깊이 들어가자 '엄청난 시골로 시집을 와버리고 말았네'라고 생각했다고 합니다. 물론 수도나 전기 따위는 들어오지도 않았고 불빛은 모두 횃불이었습니다.

봉율은 시모노타니광산의 함바에서는 광업권이 없었고 일본인 광업권자가 맡기는 일을 하였습니다. 광업법에 광업권에는 국적조항이 있어서 조선적이나 한국적의 재일조선인은 이러한 권리로부터 배제되어 있었던 것입니다. 봉율은 노동자를 모집해 채굴하는 하청일을 했습니다. 그런데 거기에는 밥을 지을 사람이 없어 정자가 오게 된 것이었지만, 급료는 없었고 식사 준비를 비롯해 온갖 허드렛일을 다해야 했습니다.

당시는 광산 노동자가 8인분의 식사를 준비하려면 아침 4시에는 밥을 짓기 시작해야 했습니다. 어머니로부터 듣기에 밥은 약간의 쌀과 보리, 밀가루로 단단하게 만든 경단이 주식이었고 다섯 되를 한 번에 쪘다고 합니다. 먼저 물을 끓이고 그 안에 쌀을 넣어 밥을 지었는데, 흔희 물에 쌀을 바로 넣어 끓이는 방식대로 하면 설익은 밥이 되어 버렸다고 어머니는 말했습니다.

어머니의 일상은 계속된 일뿐이었습니다. 7시에 노동자들이 함바를 나서면 방 청소와 빨래를 하고, 이것이 끝나면 산에 올라가 나무를 베어와 장작을 팬 다음에 산을 벗어나 음식거리를 사와야만 했습니다. 장을 보는 것도 자전거에 몇 가마의 쌀을 싣고 나르는 중노동이었고 야채는 근방의 벌판이나 강가에 가서 고사리, 고비, 머위, 민들레, 두릅 등을 따다가 오래 말려 두고 먹었다고 합니다. 또 가까운 농가에서 버린 것이나 마찬가지인 배추나 무청 부스러기를 받아와 김치를 만들거나 된장국에 넣어 먹는 자급자족적인 생활을 했습니다.

목욕물 준비는 지금처럼 수도꼭지를 틀면 물이 콸콸 나오는 수도는 없었고, 무쇠 목욕통에 양동이로 냇물을 한 바가지씩 길러 붓는 고된 일이었습니다. 물을 채운 다음에는 장작에 불을 붙여 목욕물을 데웠습니다. 그리고는 작업복 바느질을 했습니다. 탄광의 좁은 갱도를 들어가는 일이라 옷은 종종 스쳐 닳아버리고 찢어지는 일이 많아 항상 꿰매 입어야 했습니다. 노동자의 작업복은 원래의 천을 알아보지 못할 정도로 기운 자국투성이였다고 합니다.

옷 꿰매기가 끝나야 어머니는 겨우 목욕통에 들어갈 수 있었습니다. 목욕통이라고 하지만 마지막에 들어가는 것이라 이미 물은 발목정도로 줄어들고, 탄광 일을 하던 노동자가 계속 들어갔기 때문에 흙탕물처럼 되어 버린 후였습니다. 그래서 다시 물을 길어와 새로 불을 지핀 다음 겨우 목욕을 할 수 있었습니다. 모든 일이 끝나면 새벽 1시가 넘었고, 새벽 2시경에야 잠자리에 들기 일쑤였다고 합니다.

아버지는 단바丹波[4]의 망간광산을 전전하고 있었기 때문에 광부들을 뒷바라지하는 어머니의 함바 생활은 1951년에서 1960년까지 10년 가량 계속되었습니다.

아버지와 어머니는 사이가 좋았지만 자주 다투기도 하였습니다. 부부싸움의 원인은 아버지가 어머니에게 농담을 걸면서 놀리곤 했기 때문입니다. 진지한 성격의 어머니는 놀림을 당하면 금방 반응하기 때문에 곧잘 부부싸움으로 번졌다고 합니다. 그러나 이러한 다툼은 사실 아무것도 아니었고 가장 큰 원인은 생활고였습니다. 생계조차 힘든 생활이었음에도 함바를 지휘하고 있는 아버지는 벌어들인 돈의 일부를 노동자들과 술 마시는 데 써버렸기 때문입니다.

어머니에게 있어 남편과의 싸움보다 더 괴로웠던 것은 같이 살고 있던 봉율의 부인과의 관계였습니다. 봉율은 초혼, 재혼한 부인과 연달아 사별해 세 번째 부인과 제 어머니의 동거가 길었습니다. 이 분은 특히 생활의 자잘한 것들에 엄했습니다. 봉율 부부의 손에 성장한 아버지는 감사하는 마음이 우선이었기 때문에 봉율 부부에게는 그 어떤 말도 꺼내지 못했습니다. 당연히 어머니도 그랬습니다. 두 사람이 사람들이 있는 곳에서 대화라도 할라치면 봉율 부인은 '시시덕거리지 말라'며 꾸중하기 일쑤였습니다. 그래서 아버지와 어머니가 이야기를 나눌 수 있는 것은

---

4 현재의 교토부 중부와 효고현 동부에 걸친 지역을 칭하는 옛 지명.

모두가 잠든 뒤 이불 속에서였습니다. 그뿐 아니라 하루 종일 일만 하는 것이 당연하다는 식이었습니다. 어머니는 지금도 당시를 '꼭 노예와 같았다'고 회상합니다. 자기 옷조차도 깨끗이 세탁하는 것이 용납되지 않은 채, 계속 일만을 강요받았습니다. 어머니는 너무나 고통스러워 두세 번 친정으로 돌아간 적도 있었습니다. 옷을 빠는 것조차 허락되지 않았기 때문에 더러워진 옷을 입은 채로 전차를 타고 교토역에 도착해 역내 화장실에서 옷을 갈아입고 도카이도선을 타고 오사카까지 돌아갔다고 합니다. 그러나 곧 아버지가 데리러 와서 끌려갔습니다. 그렇다고 어머니의 고생이 위로받을리 없었고 그저 봉율 부부로부터 심하게 꾸지람을 듣고 일만 하는 일상생활로 돌아갈 수밖에 없었습니다.

2장

'재일'에 새겨진 역사

함바에서 태어난 아이들

일본에서 오래 살면 살수록 결혼을 하거나 아이를 낳거나 하면서 가정의 기반이 굳어지는 것이 당연한 일입니다. 귀국한다는 것은 일본에 사는 친척이나 연고자들과의 이별을 의미했습니다. 또 아이들도 자신들이 살고 있는 나라의 언어나 관습에 익숙해지기 때문에 아무래도 살고 있던 나라에 계속 살게 되는 것은 어찌보면 당연한 일인 것 같습니다.

1952년 아버지, 어머니에게 장남이 태어났고, 2년 뒤인 1954년에는 장녀가 태어났습니다. 다음에 태어난 두 아이는 죽고 말았지만 차남이 1959년에, 삼남인 제가 1960년에 태어났습니다. 저를 포함한 네 아이들은 함바에서 태어났습니다. 나중에 여동생이 하나 더 태어났는데 함바는 아니었습니다. 함바에서 아이들을 키우며 살아가는 것은 여간 힘든 일이 아니어서 게이호쿠초에 집을 빌려 살게 되었고 여동생은 그곳에서 태어난 것입니다.

아버지가 26세가 되던 1958년 봉율의 장남이 결핵으로 사망하였고 그 처와 아이들 세 사람이 남게 되었습니다. 다섯 명의 자식과 아내 외에도 봉율 부부의 생계에 대한 책임이 아버지의 어깨를 무겁게 짓눌렀고 아버지는 더 열심히 일해야만 했습니다.

두 어린 이기가 차례로 세상을 뜬 것만으로도 아버지, 어머니가 얼마나 힘든 생활을 보냈었는지 짐작할 수 있습니다. 영양 부족에다가 병까지 걸리고 말았지만 충분한 치료를 받지 못했던 것입니다. 얼마나 한스러웠을까. 더구나 자기 배를 아파하며 낳은 아이들을 차례로 저 세상으로 떠나보낸 어머니의 심정은 상상을 초월하고도 남습니다.

맏형이 이미 소학생이 되었고 깊은 산골짜기 함바에서 학교까지 다니는 것은 너무나 힘든 일이었기에 산에서 내려오기로 하였습니다.

산에서 내려온 후에도 아버지는 셋방살이를 하면서 광산일을 계속하셨습니다. 셋방집 주인의 자식은 저와 동급생이었습니다. 소학교 2학년 즈음 이 아이는 저에게 '조선인은 나가라'며 고함쳤습니다. 지금의 제 모습을 떠 올리면 잘 상상이 되지 않겠지만, 그때 저는 울면서 집에 돌아와 아버지에게 '집을 사 달라'며 보챘던 기억이 납니다. 더욱이 이 방은 토마루에 8조[1] 1마 크기의 집이었습니다. 여기에 가재도구를 두고 남은 공간은 4조 반 정도밖에 되지 않았습니다. 여기서 일곱 식구가 기거하는 것은 불가능했기 때문에 저와 형 한 명은 이불을 꺼낸 벽장 안에서 자야 했습니다. 이런 불편함도 있어서 아버지는 마침내 같은 시골이지만 사람들이 많이 사는 동네로 이사했습니다.

---

1 일본의 다다미 방의 크기를 다다미 개수로 나타내는 단위로 일반적으로 2조는 약 3.3㎡ (약 1평)를 말한다(역자주).

1970년경이 되자 아버지는 조선민주주의인민공화국으로 귀국하겠다고 말을 꺼내기 시작했습니다. '일본에 살면 차별만 받을 뿐, 풀 한 포기를 먹어도 조국의 풀을 먹겠다. 똑같이 가난한 것이라면 차별 없는 나라, 북조선에서 살고 싶다'고 말하는 것이었습니다. 그러나 어머니는 반대했습니다. 제 어머니는 가족 모두가 일본으로 건너온 상황이었기 때문에 북으로 귀국하면 부모형제와는 생이별을 해야만 했습니다. 어머니는 이에 강하게 반대하였고 아버지와 어머니의 대립은 1970년 후반 즈음까지 계속되었습니다.

식민지 지배의 결과로 일본에 건너올 수밖에 없었던 조선인이 일본에 계속 남게 된 이유 중 하나는 식민지 후 나라가 남북으로 분단되었기 때문이라고 말할 수 있습니다. 친척이 일본과 남과 북 세 나라에 찢어져 사는 경우도 있었기 때문에, 남이든 북이든 바로 귀국할 수 없었던 것입니다. 더욱이 1965년 한일조약으로 한국과 일본과의 국교는 회복되었지만, 한국은 군사 독재정권이 오랫동안 지속되었고 민주화운동과 노동운동이 심한 탄압을 받는 상황이 계속되고 있었습니다.

한편, 사회주의 북조선은 '지상의 낙원'이라는 선전이 유포되었고 많은 재일조선인들이 이를 믿었습니다. '북으로 돌아가고 싶다'는 아버지의 생각이 강해진 것은 많은 동포들이 북으로 귀국하고 있었던 사실도 영향을 미쳤던 것이 아닐까 생각합니다.

어머니, 아버지의 대립도 넓은 의미에서는 이와 같은 전후戰後에 전개된 국가의 분단과 동서냉전의 영향을 받은 것이라고 해도 틀린 말은 아닐 것 같습니다.

노골적으로 조작된 원죄사건

일본 패전 후 조선인이 많이 살았던 단바지방은 독립의 기운으로 들썩였습니다. '보안대' 완장을 찬 조선인 청년들이 대열을 만들어 히요시초 상점가를 활보하였습니다. 이 '보안대'는 조선인을 싫어하는 일본인의 습격으로부터 조선인들의 안전을 지키기 위해 조직된 것으로 이른바 자경단[2]과 같은 역할을 하고 있었습니다. 1945년 가을에는 재일본조선인연맹 히요시초 도노다殿田지부가 생겼고 큰할아버지 봉율과 아버지도 여기에 참여했습니다. 당시 도노다에 살고 있던 조선인은 거의가 망간광산 관계자였으므로 조선인연맹에 참여한 사람들도 대부분이 망간광산 노동자들이었습니다.

이처럼 일본 패전 직후부터 1955년경에 걸쳐 단바의 함바는 재일조선인의 정치활동과 일본인들의 이른바 혁명 활동의 거점 중 하나가 되었습니다. 활동가들은 함바에 숙박하면서 주변의 함바와 탄광을 돌며 조직화 활동을 했습니다. 당연히 아버지도 이러한 활동으로부터 큰 영향을 받았습니다. 아버지는 망간광산에서 일하면서도 짬이 생기면 재일조선인통일민주전선과 그 뒤에 만들어진 재일조선인총연합회의 활동에 관계하였습니다. 이들 단체의 조직 활동을 하면서 단바의 조선인 가정과 함바를 돌면서 조직 활동은 물론이고 소소한 일상생활에 관한 상담을 하기도 하였습니다.

아버지의 양아버지라고 할 수 있는 봉율은 재일조선통일민주전선의

---

2 지역주민들이 도난이나 화재 따위의 재난에 대비하고 스스로를 지키기 위하여 조직한 민간단체를 말한다(출처: 국립국어원 표준국어대사전-역자주).

단바 지구 의장단 중 한 사람이 되었고 게이호쿠초에서의 조선인 조직화를 맡고 있었습니다. 단바 지구를 총괄하는 역할이었던 것입니다. 여기에 일본인 좌익 활동가들도 게이호쿠초에 모이기 시작했습니다. 젊은 조선인 활동가들은 '조국방위대祖國防衛隊'를 자칭하고, 일본인 좌익계 대학생들은 '산촌공작대山村工作隊'를 자칭하며 모두가 망간광산의 노동자들과 함께 함바에 머물렀습니다. 활동가들을 보살피는 일은 어머니의 몫이었습니다.

그러던 중 '호쿠소北桑 린치사건'이 발생했습니다. 호쿠소는 게이호쿠초와 미야마초(현 교토부 난탄시)에 걸쳐 있는 호쿠소다군北桑田郡 일대를 일컫는 명칭입니다. 함바에 와 있던 활동가 중에 경찰이 보낸 첩자가 숨어 있다는 것을 알게 된 사람들은 스물 대여섯 살의 한 남자를 조사하기로 했고 아버지가 이 남자를 데리고 있기로 하였습니다. 행동을 지켜보기 위해 자유롭게 지내게 하였는데, 이 남자가 갑자기 함바에서 일하고 싶다면서 함바에 머물기 시작했습니다. 함바에서는 노동자들과 함께 생활하는 활동가들이 많았기 때문에 특별히 이상한 일도 일어나지 않았는데 어느 날 홀연히 이 남자가 사라졌습니다. 보통은 함바를 떠날 때는 인사 정도는 하고 가기 마련인데 돌연 모습을 감추었던 것입니다. 그 때까지 약 3개월 정도 함께 생활했던 터라 아버지는 갑자기 사라진 이 젊은 청년을 기이하게 생각했던 것 같습니다.

그리고 반 년이 지난 1954년 1월 이른 아침 갑자기 경찰기동대 약 70명이 함바에 들이 닥쳤습니다. 아버지는 모습을 감춘 그 남자를 체포 감금했다는 혐의로 붙잡혔습니다. 전혀 있지도 않은 일을 조작한 사건으로, 경찰이 노렸던 것은 경찰의 첩자인 남자를 함바에 잠입시켜 사건을 날조한 것이었습니다. 조선인연맹의 해체를 노렸던 것입니다. 조선인연맹을 탄압하기 위해서는 어떤 형태로든 책임자를 끌어낼 필요가 있었기 때문에 '조국방위대' 게이호쿠대 대장이었던 아버지가 목표가 되었던 것입니다.

재판에서 아버지는 징역 3년, 집행유예 3년의 판결을 받았습니다. 정말 억울한 판결이었지만 항소하여 고등법원에서 싸운다는 것은 경제적으로 불가능한 이야기였습니다. 유예 판결이라서 일은 할 수 있었지만 재판 투쟁 같은 것은 하지 못했습니다. 그 후 지금까지도 정치적 탄압으로 인한 이 원죄冤罪사건으로 입은 명예훼손은 아직도 회복되지 못한 채 오늘에 이르고 있습니다.

마을의 어르신들은 '감금되었다고 하는 청년은 일도 하지 않고 마을을 하릴없이 돌아다녔었는데……'라며 이상하게 여겼었다고 합니다. 마을 사람들은 아버지를 체포한 것에 대한 부당함을 알아채고 있었던 것입니다.

한편 아버지의 큰 숙부 봉율은 집에 있는 사이에 체포되었는데 기소는 면하였습니다. 이 역시 억울하게 죄를 뒤집어씌우려는 것이었습니다. 그 사이 가족들은 한꺼번에 일손을 두 사람이나 잃고 만 형국이었습니다. 그로 인해 어머니가 상상할 수도 없는 고생을 하셨겠지요.

조선인연맹에 대한 탄압은 이러한 원죄 사건을 만들어냈고, 가족을 궁지에 몰아넣었습니다. 공권력은 4중, 5중의 죄를 짓고 있었던 것입니다. 조선인들의 활동을 부정하고 탄압하였으며, 아무런 죄도 범하지 않은 사람들을 옥에 가두는가 하면 재판소는 그 죄를 추인해, 가족들은 더 큰 생활의 고통을 당하고 주변으로부터 온몸에 퍼부어지는 것과 같은 편견을 받아야 했던 것은 물론이거니와, 사건으로부터 60년 이상이 경과했음에도 피해자인 조선인의 명예는 회복되지 않고 있다는 점, 또한 이 명예회복 문제가 이 사회에서는 이슈조차 되지 않고 있는 점 등등 수많은 과오들이 아직도 방치된 채로 남아있습니다. 봉율도 아버지와 마찬가지로 체포의 부당함을 호소하지 못했습니다. 이 날조사건으로 모두 22명의 조선인이 체포되었습니다.

재일조선인의 정치 활동은 한국전쟁이 휴전 상태에 들어간 1953년 경부터 기세가 약해졌습니다. 또한 일본에서 혁명을 위해 투쟁을 전개하는 것보다는 본국의 재건과 재일조선인의 생활 옹호에 중점을 두어야 한다는 생각으로 바뀌어가고 있었습니다. 그래서 1955년 재일조선인통일민주전선은 해산되고 재일조선인총연합회가 결성되었습니다. 그리고 조국 공화국의 건설을 위해 최선의 노력을 다한다는 목표를 위해 이북으로 돌아가자는 귀국운동이 전개되었습니다.

북으로의 귀국사업이 시작되자 봉율은 매일같이 마이즈루舞鶴항을 드나들며 귀국 사업에 관련된 사무를 보았습니다. 봉율은 언젠가는 북으로 돌아갈 작정이었습니다. 그러나 '귀국사업으로 모두 돌려보낸 다음에 마지막으로 돌아가겠다'며 자신은 돌아가지 않았습니다. 자식들에게는 '일본학교에 다니지 말라. 학교는 조선에서 다닐 수 있다. 그 때까지 일하자'고 말했다고 합니다. 봉율은 철저한 민족주의자였는데, 재일조선인이 이북에 돌아가는 것을 목표로 활동했던 것입니다.

| 3장 |

아버지 이정호가 추구했던 것

신오타니광산의 역사

이번 장에서는 아버지와 신오타니新大谷광산과의 관계 그리고 '단바망간 기념관' 개관을 향한 아버지의 염원 등 1960년대 후반부터 아버지가 걸 어온 길을 기록하고자 합니다. 그 전에 단바 지방의 망간광산에 대해 설 명하겠습니다.

일본의 망간광산으로는 동북의 하치노헤八戸, 시코쿠의 우와지마宇 和島, 그리고 단바丹波가 일본의 3대 망간산지로 손꼽혔는데, 그 중에서 도 단바가 최대의 망간 산출지였습니다. 망간이 가장 많이 채굴되었던 시기는 전전戰前인 1944년입니다. 그 당시 연간 필요량이 300만 톤이었 다고 하는데, 실제로 채굴된 것은 35만 톤으로 필요한 양의 11퍼센트 정 도였습니다. 채굴량이 부족했기 때문에 이를 증배하기 위해서는 더 많은 광부들을 광산에 보내야만 했습니다. 이것이 조선인을 강제연행한 역사 적 배경이었습니다.

망간은 도자기의 유약이나 건전지, 비료나 성냥 제조에 사용되었고 현재는 알루미늄 캔과 형광등의 형광제로도 사용되기도 하지만, 90퍼센트 이상이 철을 단단하게 만들기 위해 사용됩니다. 이산화망간 3~7퍼센트를 철에 첨가해 제품화하는 것입니다. 철은 철만으로는 단단해진다고 생각하는 사람들이 많지만, 망간이 첨가되어야만 비로소 강한 철이 만들어지게 됩니다.

　　또한 탄산망간을 20~30퍼센트 첨가하면 레일이나 불도저, 탱크의 궤도, 대포의 포신, 총 등을 만드는 강철이 됩니다. 즉 망간은 군수물자인 것입니다.

　　단바에는 과거 300개 이상의 망간광산이 있었습니다. 한 광산에 갱도가 평균 50개 정도 뚫려 있었다고도 하니, 300개의 광산에 1만 5000~2만 개의 갱도가 있었던 것입니다. 단바에는 어느 산골짜기를 둘러봐도 갱도가 있다고 할 정도로 많은 갱도가 있었습니다.

　　거의 대부분 규모가 작은 것들이라 노동자 수는 많은 곳이라고 해도 한 광산에 20명 정도였습니다. 아버지와 가장 관계가 깊은 신오타니광산은 나라奈良시대인 780년 경 유게노 도쿄弓削道鏡라는 자가 약용으로 채굴했었다는 전설이 있는 광산입니다. 그러나 확실한 것은 1902년 땅 표면에 있는 망간을 채취했다는 기록입니다. 1916년에는 교토부 후나이군 히요시초의 도이야 고로土井弥五郎라는 자가 갱도를 파서 망간광산을 개발했다고 합니다. 1930년부터 1950년에 걸쳐서는 교토부 기타쿠와다군 게이호쿠초의 가와바타 세이자부로川端廳三郎가 망간광산 개발을 이어받았습니다. 1935년경부터 전쟁이 끝난 1945년 사이에는 아주 좋은 품질

1989년 기념관 창설자 이정호씨(왼쪽 끝)의 광산 노동자 시대를 찍은 귀중한 사진
(1960년대, 단바망간기념관 소장)

의 이산화망간 광석을 약 1,500톤 채굴하게 되었습니다.

전쟁이 끝난 뒤인 1950년에서 1952년 사이에는 사코다 세이타로迫田
盛太郎와 나카무라 에이조中村榮蔵가 망간광산 개발을 추진하였고, 1953
년부터 전기제조업자인 산요전기의 계열회사인 산요개발광업이 건전지
용으로 사용할 망간을 채굴해 약 2만 톤의 이산화망간과 탄산망간을 산
출했습니다.

백두광업의 창립

아버지는 단바의 망간광산을 전전하였는데 1960년대 후반에는 신오타
니광산에서 하청업자로 일하였습니다. 대부분의 광산은 1968년까지 하

청제도를 도입하고 있었지만 사실 이 제도는 보안상의 문제로 금지되어 있었습니다. 당시 산요전기(실제로는 산요개발광업이었으나 회사가 산요전기의 우타시마 공장부지 내에 있었고, 사원도 산요전기의 사원이었기 때문에 실질적으로는 산요전기나 마찬가지임)가 운영하고 있던 신오타니광산은 산요전기의 경영자였던 이우에 가오루井植薫 씨가 통상산업성(현 경제산업성) 국장에게 불려가 '이대로 계속 법을 위반하면 약전 JIS규격을 취소하겠다'고 경고를 받았기 때문에 산요전기는 신오타니광산의 광업권을 매각하게 되었는데, 이를 아무에게나 팔 수도 없었습니다.

산요전기는 제조하고 있는 건전지의 원료가 되는 이산화망간의 안정된 공급이 보장되어야 했습니다. 당시 이미 망간광산은 외국에서 수입되고 있었는데, 일본 국내산 망간을 사지 않으면 수입 망간광석을 할당받지 못하는 사정도 있었습니다. 그래서 당시 망간 채굴에서는 높은 평가를 받고 있던 아버지에게 채굴권을 판 것입니다.

그러나 광업법에 국적조항이 있었고 조선적인 아버지는 광업권을 취득할 수 없었습니다. '그렇다면, 회사를 만들면 된다'라는 말을 듣고 (법인이 일본에 있는 백두유한회사라면, 대표자가 조선인이어도 광산채굴권을 받을 수 있다), 산요전기가 절차를 밟아 백두광업유한회사가 생기게 된 것입니다. 산요개발광업과는 별개의 법인으로 탄광회사가 탄생했습니다. 1968년의 일이었습니다.

덧붙여 백두광업이라는 이름은 조선의 대표적인 산인 명봉 백두산의 이름을 따서 붙인 것입니다. 말하자면 일본의 후지광업과 같은 것이지요.

1969년에 아버지를 키워 준 숙부 봉율이 사망하였습니다. 1970년 봉율의 차남이 망간광산을 경영하게 되었고, 아버지는 광산을 떠났습니다. 그리고 아버지는 요세야[1] 일을 했는데 이 곳에서는 금속이 충분히 모이지 않아 게이호쿠초의 대형 쓰레기 회수사업을 신청했고 행정은 사람들이 대형 쓰레기를 아무데나 산에 폐기하는 문제점을 개선하기 위해 허가를 해주었습니다. 이것이 아버지의 대형 쓰레기 회수업을 시작하게 된 출발점이 되었습니다. 제가 소학교 6학년 때였습니다. 트럭 짐칸에 타 동급생들의 집을 돌며 쓰레기를 회수했습니다.

1971년에 봉율의 차남이 탄광 경영을 그만두는 바람에 다시 아버지가 망간광산으로 돌아와 백두광업을 이었습니다. 아버지는 단바에서 마지막까지 망간을 채굴한 사람으로, 신오타니광산에서 채굴이 멈춘 것은 1983년의 일이었습니다.

1973년에 아버지가 병으로 쓰러지셨습니다. 피를 토했던 것입니다. 지금도 선명하게 기억하고 있습니다. 저녁 식사를 하다가 아버지가 돌연 많은 양의 피를 토하셨습니다. 가족들은 모두 망연자실했습니다. 나중에 안 것이지만 돌가루가 폐를 찌르는 진폐증에 걸렸던 것입니다. 조금씩 피가 폐에 고여 들어 때때로 각혈을 하였습니다.

게이호쿠병원에서는 결핵이라며 스트레프트마이신(마이신)이라는

---

1 금속 회수업을 하였는데, 유리는 유리가게에 팔고 전깃줄은 껍데기를 벗긴다. 충전지는 전문업자에게 팔고 자동차의 모터에서 동선을 꺼내는 작업도 한다. 유리는 투명유리와 색유리로 분류한다. 정종 병은 투명유리로, 맥주병은 색유리로 구분한다. 종이는 신문과 골판지로 나누었고 가정과 공장 등에서 배출하는 쓰레기로 불리는 모든 것들을 자원으로 재활용했다(저자주).

약을 투여했고 부작용으로 귀에서는 난청 증상을 보였습니다. 그러나 진폐증은 전혀 낫지 않았습니다. 결핵은 결핵균에 의한 것이니 본디 진폐증과는 전혀 다른 병이기 때문입니다. 결핵약으로 나을 리가 없었던 완전한 오진이었던 것입니다. 이처럼 게이호쿠초 사람들은 진폐증을 계속 결핵이라고 믿고 있었던 것입니다.

1970년 광물 수입 자유화가 이루어지자 일을 이어받았던 아버지가 통산국에 불려 갔습니다. 정부는 '광산은 이제 안 되니 아직 조금이라도 여유가 있을 때 그만두시오. 그만두는 것이 좋을 것이오'라고 말했다고 합니다. 외국에서 망간과 광물이 수입되기 때문에 일본 국내의 망간광산의 경기가 좋아지는 일은 영원히 없을 것이라는 말이었습니다. 설상가상으로 1973년 진폐 증상이 나타난 것이니 아버지로서는 엎친 데 덮친 격이었을 것입니다. 직종을 바꿔보려 노력했지만 하는 일마다 실패했습니다. 결국 광산을 계속할 수밖에 없었으나 1978년 백두광업은 끝내 도산하고 말았습니다.

새로운 일을 찾아

회사가 도산한 후 저희 가족의 생활은 더욱 어려움에 빠졌습니다. 한때는 하는 수 없이 나라奈良에 사는 장녀 집에 몸을 의지하기도 했습니다. 장녀가 가시하라시 미미나시산 근처의 나라 조선초중급학교 교사로 일하고 있었기 때문에 잠시 모두 그곳에 기거하였습니다. 그러나 나라에 옮겨 살면서도 망간을 포기하지 못하고 단바 지방의 망간 채굴을 다시 시도한 적도 있었습니다. 하지만 망간광산 일로 생활을 지탱해 나가는 것은 이미 불가능해진 터였습니다.

그러자 아버지가 생각해낸 것은 망간광산의 갱도를 활용한 사업이 었습니다. 어느 날, 가족들이 텔레비전에서 '과연, 더 월드'라는 프로그램을 보고 있었는데, 도쿄의 하치오지에서 갱도를 버섯 재배에 활용한다는 경험담이 소개되었습니다. 갱도 내의 온도는 연간 13도에서 15도로 안정되어 있어 버섯 재배에 적합하다는 내용이었습니다. 이를 본 아버지는 '바로 이거다. 지금부터 저기에 간다. 너희들 자동차를 대기해라'라고 내뱉고는 바로 그날 밤에 우리들은 도쿄 하치오지를 향해 출발해 다음날 도착하는 난리를 피웠습니다. 그리고 갱도 내에서 버섯을 재배하는 방법을 직접 들었습니다.

집에 돌아와 가족들은 갱도 내에서 버섯을 재배하기 시작했습니다. 갱도 입구 옆에 다섯 개의 비닐하우스를 세우고 버섯을 재배하자 무럭무럭 버섯이 자랐습니다. 그러나 버섯에 특별한 약제를 뿌려야 하는 것이 마음에 내키지 않아 결국은 단념하였습니다. 더구나 간사이 지방에서는 그다지 잘 팔리지 않았고, 도쿄에서 해보자고도 하였지만 성공하지 못했습니다.

또한 앞뒤가 관통된 갱도를 굴뚝으로 사용할 수 있겠다고 판단하고 자동차 충전기의 납 전극을 녹여 납덩어리로 만들어 재생하는 공장을 만든 적도 있습니다. 납덩어리를 만들려면 유해 물질을 제거해야 해서 그것을 제거하는 기계도 설치하였지만, 어느새 소문이 퍼져 나무가 마른다는 등 지역 주민들이 반대 운동을 펼치기 시작했습니다. 결국 이 일도 단념할 수밖에 없었습니다. 낡은 타이어를 처분하는 일도 해보려 하였습니다. 교토부의 허가를 받으려 했지만 폐기물 처리 허가는 내줄 수 없다고 하여 이것도 포기하고 말았습니다.

　다음으로 착안한 것이 금 시굴이었습니다. 돗토리鳥取현 구라요시倉吉의 산 속에서 우란 광석을 시굴하고 있던 사람으로부터 금광맥이 발견되었다는 이야기를 들었습니다. 그래서 1988년 금광 시굴권을 취득해 가족 전원이 구라요시로 이사했습니다. 망간광산에서처럼 함바를 만든 다음 가족 모두가 금을 캐기 시작했습니다. 그러나 갱도 깊은 안쪽은 무수한 굴이 가지처럼 뻗쳐 있어서 낡아서 위험해진 버팀대를 바꿔 넣어가며 조금씩 굴 안으로 전진하는 일은 방대한 시간을 필요로 했습니다. 자금이 바닥나면 게이호쿠초로 돌아와 일하다가 다시 금을 캐러 구라요시로 돌아가는 생활을 2년 동안 되풀이했습니다. 그러나 결국 금은 발견하지 못하고 이 일도 포기할 수밖에 없었습니다.

　그 뒤 가족들은 트럭을 타고 마을 내를 돌아다니며 폐품을 회수했습니다. 그러나 시골에서는 폐품의 양이 적어 실패했습니다. 이처럼 우리 가족은 연달아 여러 사업을 시작해 보았으나 순조롭지 못했습니다.

　1978년 백두광업이 도산하자 고등학교 3학년이었던 저도 일을 거들어야 했기 때문에 학교를 그만두고 오사카에 일하러 나갔습니다. 그 뒤 1981년에 여동생이 도쿄에서 조선대학에 진학하려는 데 학비가 없다고 해서 광물이 남아 있는 채로 방치되었던 유미야마弓山광산을 사들였고 품질이 낮은 망간이 나오는 신오타니광산을 매수했습니다. 그리고 유미야마광산과 신오타니광산을 1981년부터 1983년까지 파기 시작했습니다. 그런 연유로 '단바망간기념관'이 있는 신오타니광산과 유미야마광산은 일본의 최후의 망간탄광이 되었던 것입니다.

방문자들에게 망간광산의 노동사에 대해 설명하는 이정호 씨
(촬영 ⓒ 나카야마 가츠히로(中山和弘))

'단바망간기념관'을 향한 길

아버지는 1980년 48세 때 다시 각혈을 했고 그 시점에서야 거우 진폐증에 걸렸다는 사실을 알게 되었습니다. 발병한지 7년이 지난 뒤에야 진폐증이라는 것을 안 것입니다.

아버지는 두통에도 시달렸습니다. 오랜 세월 동안 채굴 작업 중에 발생하는 먼지를 계속 들이마셨던 것이 원인인 것 같았습니다. 다이너마이트에는 일산화탄소가 다량 함유되어 있기 때문입니다.

아버지의 진폐증을 어떻게든 고쳐야겠다는 생각에 여러 가지를 조사해보았습니다. 망간을 품고 있는 규석은 진폐증의 원인이 되는 계소를 가장 많이 가지고 있는 암석으로 석회암의 10배나 된다는 것을 알게 되었습니다. 이를 단순히 계산하면 석회암을 10년 채굴해 진폐증에 걸린다면 규석은 단 1년으로도 이 병에 걸리고 맙니다.

진폐증 노동재해보상으로 생활비는 어떻게든 마련되었지만 아버지는 여전히 고통 속에서 입원과 퇴원을 거듭하며 병원과 집을 드나드는 생활을 되풀이했습니다. 그러던 어느 날, 아버지는 박물관을 만들고 싶다는 말씀을 꺼내셨습니다. 진폐증으로 입원한 1983년, 감기에 걸려 누워계셨던 것이 기념관을 만들겠다고 결심하신 계기가 되었습니다. 병상에서 깊은 고심의 고심을 거듭하셨던 것 같습니다.

제가 아버지의 진의를 확인하려고 다시 물었습니다. '그것이 돈이 되겠습니까? 아니 돈은 안 되더라도 유지비는 나올까요?'라고 물었더니 아버지는 '아마도 돈은 안 될 것'이라고 대답했습니다. 그럼 무엇을 위해 만들겠다는 것이냐고 되묻자 아버지는 '내 무덤 대신이다. 조선인의 역

사를 남기는 것이다'라고 말씀하셨습니다.

아버지의 말씀에 의하면 전후 광산의 함바에는 나이가 웬만큼 들었는데도 독신인 조선인이 많았다고 합니다. 그 때 아버지는 그 사람들을 우습게 여겼다고 합니다. 지금 와서 생각해보니 그 조선사람들은 망간광산에 와서 생계는 어떻게든 이어갔지만, 경제적으로 자립할 정도는 아니어서 귀국할 돈도 마련하지 못하는 상황이었다고 하셨습니다. 또한 식민지 지배로 고향을 떠나 일본에 건너왔지만 해방 후 귀국하려고 해도 조선에서는 생활 기반을 찾을 수 없었기 때문이었던 것입니다.

그런 동포들을 경멸했던 자신의 어리석음을 아버지는 종종 한탄하셨습니다. 고향을 떠나 이역으로 건너왔지만 원통하게도 병마에 시달리는가 하면, 기댈 곳이 아무도 없거나 고향과는 연락이 두절되는 등 여러 가지 억울한 사연들을 회상하며, 아버지는 '어떻게든 망간광산의 역사를 남기겠다. 단바의 산골짜기에 이렇게 많은 조선인이 있었다는 것을 세상에 분명히 알려야 한다'고 힘주어 말씀하셨습니다.

진폐증에 시달리면서도 글자를 읽을 줄 몰라 노동재해보상 신청도 하지 못하는 조선인. 생활보호를 받으며 혼자 살고 있지만 불을 사용하는 것이 위험하다는 화기엄금 명령을 받아 매일같이 인스턴트 라면을 물에 불려 먹다가 혈압이 올라 뇌경색을 앓고만 조선인. 정신병을 얻어 정신병원을 전전하는 조선인. 그런 동포들의 모습을 진폐증 노동재해보상 획득운동 과정에서 목격해온 아버지는 이들을 열심히 돌보기도 하셨습니다. 그런 아버지로부터 '박물관을 만들겠다. 내 무덤 대신이다. 조선인의 역사를 남기는 것이다'라는 말을 들었을 때, 저는 도저히 반대할 수가 없었습니다.

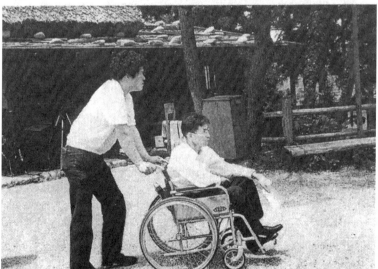

(위) 단바망간기념관 갱도 입구
(아래) 휠체어로 외출하는 일이 많아진 이정호 씨의 모습(오른쪽)과 저자
(촬영 ⓒ 가타야마 미치오(片山通夫)

아버지는 1985년 기념관에 관한 조사를 시작했고, 다음 해는 '단바망간기념관' 건설에 착수하였습니다. 1989년 5월 3일 개관하였는데, 개관 당일 아침까지 공사를 진행하면서 겨우 개관은 할 수 있었지만 갱내와 자료관과 화장실뿐이었습니다.

아버지는 "내가 살아있는 동안 무슨 일이 있어도 '단바망간기념관'을 완성시키겠다"며 개관 후에도 함바의 모습을 원형대로 재현하는 일과 산책로 조성 등 건설 지휘를 도맡았습니다. 아버지는 '스테로이드'라는 독한 링거 약을 꽂은 채 기념관을 오가셨습니다. 스테로이드는 단계적으로 점차 강도가 높아지는 약이었습니다. 입원했더라면 그 독한 스테로이드 약도 맞을 필요가 없으셨는데 아버지는 굳이 링거를 맞으시면서까지 '단바망간기념관' 현장으로 발걸음을 재촉하며 기념관을 세우는 데 매진하셨습니다.

때로는 감기에 걸려 폐렴을 앓을 뻔하기도 했습니다. 감기는 진폐증 환자에게 폐렴을 유발할 수 있기 때문입니다. 그러나 기념관을 향한 열정은 너무나도 강했고, 비록 목숨을 단축시키는 한이 있더라도 건설하고야 말겠다는 강한 집념이 진폐증에 짓눌린 몸을 움직이게 했습니다.

제가 아버지에게 '아들들이 건설할 테니, 이제 '단바망간기념관'에는 오지 마시라'고 설득했지만 아버지는 '병원에서 그저 누워있는 것은 죽은 것이나 다를 바 없다'며 절대 자식들의 말을 들으려 하지 않았습니다. 개관한 후에도 의사의 허가를 받아 외출해야 하는 아버지는 병원을 살짝 빠져나와 망간기념관에 오기도 하고, 강연을 하기도 하였습니다. 그러나 개관한지 4년이 지나자 이제는 더 이상 병원에서 나올 수 없게 되고 말았습니다. 단기간의 스테로이드 대량 투여가 급격히 병을 악화시켰던 것입니다.

당시 아버지의 모습은 볼에 뼈만 앙상하고 팔과 다리는 가느다랗게 여위었고 머리를 들지 못한 채 고통스럽게 어깨로 숨을 들이쉬는 상태였습니다. 아직 61세였지만 그 모습은 마치 고령의 노인과도 같았습니다.

개관한지 6년 뒤인 1995년 결국 아버지의 몸은 꼼짝도 하지 못했고 자가호흡도 불가능해졌습니다. 아버지는 임종하시기 10일 전에 저를 병원으로 불러 '암으로 죽을 때 알리지 않기를 바라는 사람도 있다지만, 자기 혼자 마음대로 죽는 것은 용납할 수 없는 일이다. 죽음과 마주보고 죽음을 직시하면서 인계할 것은 말끔히 인계해야 한다. 나는 이제 곧 죽지만, 남겨두고 싶은 말이 있어 지금 해두겠다. 물어보고 싶은 것이 있으면 지금 물어보아라. 마취약을 맞으면 정신이 혼미해져버릴지도 모르니 말이다'라고 말씀하시고는 반종일 걸려 인수인계를 위한 설명을 이어 가셨습니다.

아버지는 죽음을 눈앞에 두고 죽음과 마주하면서도 조금도 동요하지 않으셨습니다. 아들인 제 자신이 이렇게 말하는 것도 송구스럽지만 아버지는 진정으로 훌륭한 삶을 사셨고, 마지막까지 훌륭한 모습을 보여주셨다고 생각합니다. 저는 이정호의 아들로 태어난 것을 자랑스럽게 생각합니다. 산다는 것이 무엇이며, 죽는다는 것이 어떤 것인지, 진정으로 저는 아버지로부터 많은 것을 배웠습니다. 1995년 3월 23일, 아버지 이정호는 세상을 떠났습니다. 아버지의 유골은 유언에 따라 같은 해 4월 25일 후쿠이현 미카타초三方町의 바다에 뿌려졌습니다. 이곳은 단바에서 국도를 달리면 다다르는 후쿠이현의 바다로 한반도가 저 먼 수평선 위에 가로누워 있는 곳입니다. 그날은 우리 가족 모두가 아버지의 유골을 안고 한반도가 보이는 후쿠이현의 바다를 찾아갔습니다.

|4장|

아버지와 길을 떠나다
조선인 강제연행과 망간광산

1. 망간의 역사

나라시대에서 시작하는 망간의 역사

'단바망간기념관'이 된 신오타니광산과 유게야마광산은 1983년까지 망간이 채굴되었습니다. 망간과 인간의 관계는 아주 오랜 역사를 지니고 있습니다. 그 역사를 살펴보겠습니다.

세계에서 최초로 망간이 사용된 것은 스페인의 동굴 벽화에 채색제로 쓰이면서였고, 일본에서는 607년, 7세기 초반에 호류지法隆寺 벽화에 갈라지는 현상을 막기 위해 최초로 사용되었습니다. 에도시대에는 기와, 도자기, 토관의 유약 등으로 쓰였던 것으로 추정되고 있지만 관련 기록은 거의 남아있지 않습니다. 망간은 지나치게 흡수하는 것은 좋지 않습니다. 칼슘이 부족한 사람에게는 필요한 성분이며, 커피콩과 뿌리채소류, 머위대와 같이 쓴 맛이 나는 식물 등에 많이 들어 있습니다.

망간이라는 용어는 그리스어의 'mangnzio'(정화의 뜻)에서 비롯된 것으로 1774년 스웨덴의 고틀리프 간J.Gottlieb Gahn에 의해 원자번호 25번으로 명명되었습니다. 일본에서는 막부 말기 난학자蘭學者[1] 가와모토 코민川本幸民이 1860년에 저술한 "과학신서"에 '만암滿庵'으로 표기된 바 있습니다.

1871년 근대에 들어 에도 막부가 소유하고 있던 일본 광산의 소유권이 재벌에게 넘어갔습니다. 메이지 정부의 중심 세력인 사츠마번薩摩藩과 조슈번長州藩은 미쓰이, 미쓰비시, 스미토모 등의 재벌로부터 거액의 빚을 지고 있었기에 광산을 민간에게 개방한다는 명목으로 재벌에게 팔아 버림으로써 빚을 모두 청산하려 했던 것입니다.

1891년 광업권이 민간에게 개방되자 채굴한 광산에 관한 기록들이 공개되어 남게 되었습니다. 1889년 928톤이었던 채굴량은 3년 뒤인 1892년에는 그 1.5배인 1,400톤으로 증가하였습니다. 한편 1889년에는 대장성大藏省 광산국 소유였던 사토광산과 이쿠노광산이 황실의 재산이 되었습니다.

사철砂鐵은 망간을 2~3퍼센트 함유하고 있기 때문에 일본에서는 옛날부터 제철할 때 사철을 사용했습니다. 그러나 다른 대부분의 철광석에는 전혀 없다고 할 수 있을 정도로 망간 함유량이 적어 '부국강병'의 깃발을 든 메이지 정부로서는 더 많은 철과 이 철을 단단하게 해줄 망간을 증산해야 될 필요성이 있었습니다. 다시 말하면 전쟁 수행과 공업 발전을 위해서는 망간이 필수 불가결했고, 당연히 망간광산을 찾아내야만 했던

---

1 서구 학문을 연구하는 학자를 말한다(역자주).

것입니다. 그래서 많은 지질학자와
정부의 의뢰를 받은 사람들이 전국
을 돌며 망간 광맥을 찾아다닌 것
이라고 합니다.

　이렇게 해서 3대 산지(도호쿠 하
치노헤, 시코쿠의 우와지마, 단바)가 발
견되었는데, 그 중에서도 망간이 가
장 많이 매장된 곳이 바로 이곳 단
바 분지였던 것입니다.

단바망간광산의 역사

단바망간광산의 역사에 대해 잘 알
고 있는 히요시초에 사는 아베 가

단바망간기념관(2009년 5월 31일 폐관)
안내도: JR버스 교토 슈잔선 시모나카
역 하차, 동쪽으로 도보 10분(단바망간
기념관 안내서)

즈오阿部數雄(1919년생) 씨의 설명에
따르면, 아베 씨의 부친이 이른바 '망간 개척자'였고 아베 씨의 형은 시코
쿠 출신의 요세 요헤이与瀨与平 씨라는 사람과 함께 단바 망간광산의 시
발지라고 불리는 히요시초의 기리아케切明광산을 1900년 초기에 처음
발견해 예닐곱 명의 동료들과 채굴을 시작했다고 합니다.

　망간과 그 밖의 광물들은 산 속 깊은 곳의 바위에서 광석이 떨어져 물
을 따라 하류로 쓸려 내려와 강에서 발견되는 일도 많았다고 합니다. 망
간 광맥을 찾던 사람들이 이를 보고 더 상류로 거슬러 올라가 그 주변을
탐색해 노천광상露天鑛床(광석)을 발견하고 구멍을 파기 시작하면 이것이

바로 광산이 되는 것입니다. 때로는 태풍으로 나무가 쓰러져 나무 뿌리에서 광석이 드러나면서 망간을 발견하게 되는 경우도 있었습니다.

아베 씨의 형과 요세 씨는 에비타니海老谷 강을 거슬러 올라가 망간 광맥을 찾아냈습니다. 이로써 단바 분지에 '망간 러시'가 촉발되었고 그 후에도 연달아 망간 광맥이 발견되면서 광맥이 늘어났습니다. 그런데 독일에서는 망간을 '단바'라고 부른다고 합니다. 왜냐하면 단바의 망간은 질이 좋고, 제1차 세계대전 당시 독일로 수출되었기 때문인데, 단바산 건전지는 성능이 좋은 데다 잠수함도 장시간 잠수를 가능하게 해 유보트 U-boat(잠수함) 충전지로 사용되기도 했습니다.

망간 러시 결과, 단바 분지의 망간광산은 300개에서 500개로 늘었고, 그 중 약 60%가 게이호쿠초, 미야마초, 히요시초에 집중되었습니다. 아베 씨는 1935년에서 1955년까지 히요시초의 역 앞에 사무실을 차리고 망간광산을 경영하였는데, 망간 산업이 번창하면서 종업원도 100명 가량이나 되었다고 합니다. 그리고 당시 우송은 철도를 이용하였기 때문에 히요시초의 국철 도노다역(현 JR 히요시초역)에는 매달 300톤이나 되는 망간이 집하되었다고 합니다.

망간광산에서 조선인 노동자가 많아진 것은 1935년경부터라고 하는데 그 때까지 광산은 거의 피차별부락 남성들의 일이었고 일부 광산에서는 피차별부락 여성들이 갱내의 채굴과 운반 작업에 종사하기도 했습니다. 아베 씨의 설명으로는 이즈음부터 조선 사람들의 숫자가 증가하기 시작해, 갱내 채굴 작업은 주로 조선인이 맡게 되었고 어느 광산을 가나 조선말이 들려왔다고 합니다.

아베 씨의 기억으로는 어느 광산에 가도 반드시 조선인이 일하고 있었는데, 조선인은 일본인이 흉내 낼 수도 없을 정도로 혼신을 다해 일했다고 말합니다.

조선인은 지게 가득 광석을 쌓아 짊어지고 앉은뱅이 자세로 갱내 밖으로 기어 나왔습니다. 마대에 실은 광석은 무게가 200킬로그램이나 나갔습니다. 이것을 앉은뱅이 자세로 등에 짊어지고 나온다는 것은 흔하지 않는 중노동이었습니다. 나도 갱내에 들어가 본 적이 있지만 아무것도 들지 않고 맨손으로 왔다 갔다 하는 것조차 힘든 일입니다. 광맥을 따라 갱도가 위로 나기도 하고 아래로 나있기도 하기 때문에 통나무로 만든 사다리를 올렸다가 내렸다가 하면서 나아가는데, 천장에 머리를 부딪치기 일쑤였지요.
하지만 조선 사람들은 눈 감고도 운반할 수 있을 정도였습니다. 농사일을 하는 일본사람에게 망간 일은 부업이나 마찬가지이며 일하는 데에도 여유가 있었지만, 조선인은 이 일밖에 없었고, 벌어서 고향에 돈을 부쳐야만 하는 사정이었기 때문에 태평한 소리를 할 처지가 아니었을 것입니다.
맨손으로 필요 없는 돌과 광석을 골라내는 분류 작업은 피차별부락의 여성들이 했습니다. 전쟁 전에 도노다 마을 변두리에 있었던 광석 분류소에서는 노동자 100명 중 7~80명이 피차별부락 사람들이었습니다. 이 사람들은 밭도, 산도 가진 것이 없었기 때문에 그렇게 일할 수밖에 없었을 것입니다.(2005년 6월 인터뷰에서)

단바 망간광산에서 채굴이 한창일 때 히요시초역 근방에 '제국망간주식회사'가 설립되었습니다. 전쟁이 한창일 때 이 회사는 '광석배급통제주식회사'로 개칭되었는데 히요시초와 기타큐슈시 두 곳에 회사를 두고 있었습니다. 그 실체는 육군이 운영하는 망간 집하장이었습니다.

2. 조선인 강제연행과 망간광산

왜 강제연행되었는가

역사학자 미즈노나오키水野直樹 씨의 연구에 따르면 교토부 내의 망간광
산에서 조선인이 일하기 시작한 역사는 의외로 이른 시기로 1918년부터
라고 합니다.("오사카마이니치신문" 1918년 2월 27일자) 그러나 역사적으로 조
선인 광산노동자가 눈에 띠게 된 것은 조선인 강제연행이 시작된 1930년
대 후반 이후입니다. "사이Sai"(2008 winter / 2009 spring)라는 잡지에 미즈노
씨가 데이터를 통해 설명하고 있습니다. 중일전쟁 중이던 1937년 교토부
내의 조선인 광산노동자는 188명이었으나, 1939년에는 698명, 1941년에
는 1,095명에 달했다고 합니다. 이 중에는 아버지가 일했던 망간광산도
포함되어 있을 것입니다.

"오사카마이니치신문"을 보면 지금은 교토시 우쿄쿠가 된 가도노군
사가촌 지하라의 무라타村田광산에서 일하던 조선인 노동자가 도망쳤다
는 내용의 기사가 나와 있는데, 이른바 강제연행기라고 하는 1939년보다
이른 21년 전의 이야기입니다. 망간광산의 조선인 노동자가 도망친 것이
어째서 기사화되었을까요.

제 상상으로는 강제연행되어 일하던 조선인이 일본인 고용자와의
계약을 저버리고 도망쳤기 때문에 신문에 보도되었을 터인데, 그래도 이
해되지 않는 부분이 있습니다. 작업 현장에서 도망친 것 정도의 일이 신

망간을 캐는 모습을 재현한 기념관 내부. 사진 왼쪽 끝의 둥근 버팀목은 약 3톤의
암반을 지탱한다(단바망간기념관 갱도 전시물)

문지상에 날만한 사건인지요. 일이 고되기도 했고, 계약 내용이 실제와
달랐다든지 하는 이유로 도망가는 경우는 자주 일어나는 일입니다. 그것
을 하나하나 기사로 쓴다면 신문사도 감당하기 어려운 일일 뿐더러 지면
이 부족해서 다 쓰지도 못할 것입니다.

　　조선인의 도망이 굳이 기사화된 것은 그 나름대로 '뉴스 가치'가 있
었기 때문이겠지요. 사실 당시 조선인도 '똑같은 일본인이다'라며 차별
이 없는 것처럼 선전되고 있었지만, 실상은 조선인 노동자에게 일본인처
럼 자유가 주어지거나 아무런 규제가 없었던 것이 아니었습니다. 보도된
도망사건 한 달 전에는 '조선인 노동자 모집 단속규칙'이라는 것이 발표
된 상태였습니다. 그런데 '일본인 노동자 모집 단속규칙'이라는 것이 있

었을까요. 일본인을 대상으로 그런 것을 만들었다면 큰 문제가 되었을 것입니다. 식민지 지배를 받고 있던 조선인에 대한 '강제'성이 존재하고 있었다는 것입니다. 그렇기 때문에 망간광산에서 조선인 노동자가 도망 나온 일이 기사화 되었던 것입니다.

아버지는 '강제연행도, 모집연행도, 징용도, 일본군에게 토지를 빼앗기고 먹을 것이 없어 일본에 건너온 것도, 모두가 강제연행이다'라고 항상 말씀하셨습니다. 저 역시 같은 생각입니다. 1935년경 단바에는 모집과 강제연행을 포함해 약 3,000명의 조선인이 있었습니다.

조선인 강제연행이란

'조선인 강제연행'이 히요시초 주변의 망간광산에서도 있었다는 것은 기록을 보아도 알 수 있습니다. 강제연행의 개념에 대해서는 최근 논란도 있었지만, 기본적으로는 1939년 하달된 '조선인 노동자 내지 이주에 관한 건'이라는 내무성과 후생성의 차관 통보에 의한 동원 즉, '모집' 방식이 1차였고, 2차는 '관 알선'이라고 불리는 방식으로 1942년부터 실시되었습니다. 1944년부터는 '징용'방식으로 조선인들을 데리고 왔습니다. 이 계획과는 별개로 해군설영대 등 군 요원 노동자가 징용되었고, 전쟁 말기에는 조선의 소녀들이 여자근로정신대라는 이름으로 군수공장에 동원되었으며, 조선인 여성들은 일본군의 '성 노예'가 되어 아시아 전토에 보내지기도 하였습니다.

이러한 일본의 야만적인 행위들을 어째서 '강제연행'이라고 부르는가 하면, 일본이 조선을 식민통치하면서 피지배 민족인 조선인들은 침략

전쟁 수행을 위해 동원하였고, 일본인에 대한 전쟁 동원과는 질적으로 상이한 가혹한 강제력이 작용하였기 때문입니다. 또한, 남의 나라 땅에 동원되고나서 전쟁 후에는 이산가족, 생사 불명, 유골 방치 등의 비참한 일들이 광범위하게 발생했던 사실로부터 우리들 조선인은 원한의 심정을 담아 이 일본의 만행을 '강제연행'이라고 부르는 것입니다.

당시의 관청 통계에 의하면, 노무 동원 계획에 의해 조선으로부터 일본 국내 · 사할린 · 남태평양 섬들로 모집 · 알선 · 징용되어 강제연행, 강제노동을 당한 일반 노동자는 1939년부터 1945년 6월까지 72만 5,000명이었고, 그 가운데 약 40만 명인 약 55퍼센트가 광산에서 강제 노동을 했으니 일본에 광산 노동자가 얼마나 부족했었는지를 알 수 있습니다. 군 요원 노동자는 1939년부터 1945년까지 14만 5,000명입니다. 전쟁 말기 일본 국내의 군사시설에서 터널을 뚫는다거나, 비행장을 건설한다거나, 석탄을 채굴하는 군부로서 강제노역을 당한 것입니다. 일본군 성노예로 전쟁터에 보내진 여성들의 숫자는 통계 자료도 찾아 볼 수 없습니다. 전쟁이 끝난 뒤, 일본군과 정부, 지자체 등이 자료를 폐기하여 지금까지도 제대로 밝혀지지 않고 있습니다.

이 같은 사실을 감안하면, 위와 같은 동원 정책에서 노무 공급 차원으로 조선인이 강제적으로 혹독한 노동현장에 송출되었다는 것은, 그것이 겉으로는 '모집'이라는 명목하에 이루어졌다고 할지라도 이것은 경찰이 배후에서 관리하고 있었고, 조선인에 대한 강제는 일본인과는 분명히 다른 것이었습니다. 식민지의 노동력이 되어 가혹한 민족차별 아래서 혹독한 노동을 강요당했다는 사실은 그 어떤 경우를 보더라도 강제적이었다고밖에 말할 수 없습니다.

결국 저는 아버지와 함께 망간광산에서 강제노동을 강요당했던 재일조선인, 취업하여 일했던 일본인들을 만나 증언을 듣기로 하였습니다. 1992년경, 아버지가 '망간의 역사를 남기겠다'고 단언하신 뒤, 우리들은 언론 관계자들과 게이호쿠초, 히요시초, 미야마美山초, 단바초(현 교토부 교단바초) 등을 돌았습니다. 3년 동안 인터뷰 조사는 계속 되었고 13명의 증언을 기록할 수 있었습니다. 그 가운데 3명의 증언을 여기에 게재하고자 합니다. 이 가운데 한 분(정갑천鄭甲千 씨)은 1999년 5월 22일 영면하셨습니다. 인터뷰에서 아버지는 이따금씩 조선말을 함으로써 증언해주시는 분들의 마음을 열도록 하는 역할을 하셨고 언론 관계자가 주로 초점을 맞춰 질문을 했습니다. 저는 비디오 촬영을 했습니다. 덧붙여 증언에서는 연도를 서기로 말씀하지 않으셨기 때문에 증언 그대로 일본의 원호[2]를 사용해 소개하도록 하겠습니다.

김갑선 씨의 증언

다부진 체격과 야무진 용모를 지닌 김갑선金甲善 씨는 '단바망간기념관'에서 북쪽으로 와카사만 방향으로 10킬로미터 정도 떨어진 미야마초에 거주하였는데, 2009년 1월 한 번 더 인터뷰를 하였습니다.

---

2 새로운 일왕이 즉위하면서 시작되는 일본식 연도 계산으로 일왕의 이름을 따서 호칭한다 (역자주).

Q 강제연행 되신 것은 언제쯤입니까?

A 나는 한국 경상북도 출신으로 다이쇼大正 11년(1922년)[3]에 태어나서 쇼와昭和 18년(1943년) 5월, 22살 때 일본에 끌려왔습니다. 쇼와 10년(1935년) 경부터 내가 살았던 마을에 일본 사람들이 많이 들어와서 마을 사람들의 토지를 마구 빼앗았습니다. 그 다음에는 사람을 모집한다며 일본 사람들이 마을에 왔습니다. 토지를 빼앗긴 사람들

강제연행의 체험에 대해서 증언하는 김갑선 씨(2009년 1월 촬영)

은 일도, 먹을 것도 없어서 하는 수 없이 모집에 응해 2년을 약속하고 일본에 일하러 갔던 것입니다. 그런데 준다는 월급도 약속과 달라 조금밖에 받지 못했습니다.

쇼와 18년(1943년) 그 해에 저는 여식이 태어났기 때문에 일본에 가고 싶지 않았지만 일본의 촌 관공서격인 면사무소에서 통지서가 날라 와 일본에 갈 수밖에 없었습니다.

Q 거절할 수 없었습니까?

A 거절하면 되지 않았는가라고 생각될지도 모르겠지만, 면사무소 직원은 한국인이지만 그 위의 상사는 일본인이지요. 가지 않겠다고 하면

---

3 번역 과정에서 일본 연호 옆에 괄호로 서기를 표기해 놓았다(역자주).

헌병이 가족을 데리고 가 고문을 한다고 들었기 때문에 거절할 수 없었습니다. 하는 수 없이 일본에 갈 수밖에 없었습니다.

Q 어디로 간다고 하던가요?

A 일본에 대해서 저는 아무것도 아는 것이 없었는데, '교토에 있는 광산에 간다'면서 '교토는 좋은 곳이니 도망치지 말고 1~2년만 참고 갔다 오라'고 했습니다. 그 당시 일본에 연행되는 도중에 도망하는 사람들이 많았는데, 조선에서 끌려간 사람들이 일본에서 아주 고생하고 있다는 것이 조금씩 알려지고 있었기 때문에, 그래서 도망치는 사람들이 많은 거라고 들었습니다.

마을회관 같은 곳에 50명 정도 사람들을 모아서 출발했습니다. 한 어머니가 '내 아들을 데리고 가지 말아달라'고 애원했지만 강제로 이 어머니를 내치던 모습을 지금도 기억하고 있습니다. 그 모습을 보고 나도 따라 울었습니다.

부산항에 도착한 다음 배를 타고 향한 곳이 시모노세키下關였습니다. 불안한 마음뿐이었습니다. 그리고 시모노세키에서 열차를 타고 교토의 가메오카亀岡에 있는 텅스텐[4]을 채굴하는 오타니광산에 왔습니다.

---

4 텅스텐은 전구의 필라멘트, 겨울의 스파이크 타이어의 스파이크 제작과 대포의 밑판에 사용된다. 철에 망간을 넣어 용해하면 단단한 철이 되는데, 그 보다 더 강한 철을 만들기 위해 텅스텐을 넣는다. 철을 절단하는 선반 끝에는 텅갈로이(tungalloy)라는 합금철이 들어가 있는데, 그 안에도 합금철 금속인 텅스텐이 들어있다. 오타니광산은 해군의 지정 광산으로 전력도 발전소에서 직접 끌어왔었다.

Q 일은 어땠습니까?

A 나는 그 때까지 땅굴에 들어가 본 적도 없었습니다. 그런데 도착한 바로 다음날부터 어두운 굴 안에 들어가라고 하더군요. 처음에는 다이너마이트를 설치하기 위해서 암석에 30밀리미터 정도의 둥근 구멍을 뚫는 기계를 조작하는 데 조수 일을 했습니다.

Q 착암기라는 기계지요?

A 그렇습니다. 요즘의 착암기랑 다르게 다리가 없었습니다. 기계를 지탱하는 다리 부분이 없는 상태였습니다. 위 아래로 조정하는 기능도 없었지요. 50킬로그램이나 되는 착암기를 짊어지고 아래, 위로 들어 올려야 했습니다. 그리고 다이너마이트를 설치할 장소까지 짊어지고 가야 했습니다. 상당히 힘든 중노동이었습니다. 광차를 미는 일도 했습니다. 광석이나 폐석을 갱내에서 밖으로 실어 나르는 일인데 1톤 정도 무게를 광차에 쌓아 운반했었습니다.

Q 1톤이라는 무게가 대략 어느 정도인지 알기 쉽게 설명해 주시겠습니까?

A 작은 트럭 한 대를 운반하는 꼴입니다. 나중에 들었는데 1.5톤 정도 무게였다고 합니다. 인간이 나를 수 있는 한계를 넘은 중노동이지요. 예를 들자면 평평한 길에 소형 트럭을 세워놓고 모래를 산처럼 가득 쌓아 수백 미터를 손으로 밀어 움직이는 것과 같다고 보면 됩니다. 하루 종일 갱 안팎을 오락가락 했습니다. 중노동을 하니 배가 고팠지만 밥은 작

은 공기에 담긴 보리밥 한 그릇이 전부였습니다. 일본 사람도 제대로 못 먹던 시대였기 때문에 반찬도 적었고 뱃속은 내내 빈 상태였습니다.

오타니광산에서 일하던 사람들이 약 1,000명 있었습니다. 우리처럼 징용으로 끌려온 사람들 말고도 가메오카에서 다니는 사람도 많았지만, 갱내 일은 여하튼 거의 조선인들이 했습니다. 자포자기 상태가 되어 술을 마시고 울기도 했습니다.

Q 강제노동은 얼마나 계속되었습니까?

A 연행되어 온 다음해인 쇼와 19년(1944년) 오타니광산에서 도망쳐 나왔습니다. 일은 힘들고 중노동으로 항상 배는 고프고, 이대로라면 고향에 돌려보내주지도 않을 것 같아 도망치기로 결심했습니다.

도망갈 때 광산 근처에 있는 잡화점 사람에게 미리 표를 사두게 하고, 도망치는 당일에는 몸이 아파 쉬겠다고 하고 모두가 일하러 나간 뒤에 가메오카 마을을 빠져 나왔습니다. 역에 도착하자 광산 단속반이 뒤에 따라붙어서 '왜 나왔느냐'고 심문하길래 잠깐 물건을 사러왔다고 적당히 둘러댔지만 계속 뒤를 따라와서 역 근처에서 겨우 따돌린 다음 있는 힘껏 달려 기차에 올라탔습니다.

Q 어디로 도망가려고 했습니까?

A 처음에는 나고야에 갈 생각이었습니다. 하지만 돈이 없어 표를 살 수가 없었기 때문에 할 수 없이 망간광산에 와 있던 '안도'라는 조선인을 찾아 미야마초의 어떤 외진 곳의 토목 일을 소개받아 거기로 갔습니다.

토목 공사 일을 하는 동안에는 함바의 밥값이 하루에 5엔이어서 비가 사흘 정도 내리면 돈은 바닥나고 말았습니다. 당시 망간광산에서 일하던 조선인들이 일하던 곳은 일당과 밥값이 거의 똑같은 곳이 대부분이었다고 들었습니다. 고향에는 두 번 정도 돈을 부쳤는데, 두 번째 부친 돈은 배가 침몰하는 바람에 도착하지 못했습니다.

Q 다른 망간광산에서도 일했습니까?

A 미야마초의 망간광산 중에서는 이와타니岩谷광산, 아라쿠라荒倉광산 등 광산이란 광산에서는 모두 일해 보았습니다. 전쟁이 끝났지만 결국 남은 돈은 없었습니다. 물론 항상 가족이 기다리는 고향에 돌아가고 싶은 마음뿐이었습니다. 그러나 내가 일본에서 돈을 벌어 오기를 기다리는 가족들을 생각하니 여비만으로는 돌아갈 수 없었습니다. 조금 더 벌어서 돌아가자고 생각했던 것입니다. 쇼와 25년(1950년) 6·25전쟁(한국전쟁)이 시작되어 돌아갈 수 없게 되었습니다.

Q 한국전쟁 때 고향 소식은 들어본 적이 있었습니까?

A 돌아갔었다면 아마 죽었을 겁니다. 내가 태어난 마을은 산으로 둘러싸인 곳이어서 북조선과 한국군이 산 속에서 교대로 내려와 서로 총격을 가하고 북조선군이 마을 사람을 포로로 끌고 가버렸다는 이야기도 들었습니다. 집은 불을 질러 다 타버렸고 사람들이 산에서 나무를 해와 집을 다시 지으려 했지만 또 와서 태워버렸다고 합니다. 서로 총질만 하고 시체를 치우지 않아 시체에서 파리 무더기가 끓어오르기 시작했습니다.

마침 7월의 뜨거운 날씨였던지라 전염병이 돌았고, 전투에서 살아난 마을 사람도 이 전염병 때문에 전부가 죽었다고 합니다. 제 가족도 네 형제 중에서 한 명만 살아남았고 부모님도 머리카락이 전부 빠지시더니 돌아가시고 말았다고 합니다.

Q 해방 뒤 돌아가 보셨습니까?

A 쇼와 56년(1981년)경에 돌아가 보았습니다. 고향에 돌아갔을 때는 살아남은 동생과 함께 가족들의 무덤에 가보고 싶었지만, 동생은 어린 나이에 눈앞에서 사람이 살해되는 것을 목격했던 탓인지 다리가 떨린다며 고향 마을에 들어가지 못했습니다. 옛날 제가 살던 마을은 150가구 정도가 살았는데 거의 모두 죽고 5~6채만이 남아있었을 뿐이었습니다. 제 가족도 없었습니다. 처에 관한 소식도 알 수가 없었습니다. 그래서 전쟁이 끝난 뒤 일본 사람과 결혼해 가정을 꾸렸습니다. 다시 한국에 갔을 때, 처가 있는 곳을 알게 되었습니다. 그래서 그곳에 가 만나보니 처는 내가 만약 죽었다면 어떤 연락이라도 있을 것이라고 생각하고 계속 나를 기다리고 있었습니다. 나는 호적 얘기나 일본에서 결혼했다는 얘기를 꺼내지 못하고, 호적에서 빼지도 못한 채 일본으로 돌아왔습니다.[5]

---

5 김갑선 씨의 경우에서 알 수 있듯이, '모집'일 경우에도 실제로는 거부할 수 없었고, 일본에 와서는 자유도 주어지지 않았습니다. 또한 노동이 얼마나 가혹했는지는 일본인에 대한 대우에서도 분명하게 차이가 났고 여기에 민족 차별이 있었다. 필자도 망간광산의 갱도에서 오래 일을 했지만 갱도 안에서의 노동은 중노동이기 때문에 청년 같으면 하루에 한 되에서 한 되 오 합 정도의 밥을 먹지 않으면 도중에 공복으로 다리가 떨려온다. 여하튼 김갑선 씨가 겪은 오타니광산에서의 가혹한 노동과 배고픔, 한 사람의 인생을 짓밟은 잔혹한 행위는 기억해두어야 할 것이다. 2009년 1월 23일 다시 인터뷰 하였다(저자주).

정갑천 씨의 증언

정갑천鄭甲千 씨는 교토광산과 관련된 강제연행과 탄광에서의 노동에 대해 잘 알고 있는 분입니다. 언론 관계자와 아버지와 함께 인터뷰 조사를 했습니다. 정갑천 씨는 강제연행되어 온 사람들이 많았던 와치和知초(현 교토부 난탄시)의 가네우치鐘打광산에서 일하셨던 분입니다. 안경 너머로 상냥한 눈을 지닌 정갑천 씨는 온화한 어조로 증언을 해주셨습니다. 영어에 능숙하셔서 아버지가 이분께 영어를 배우러 다니신 적도 있습니다. 아버지의 영어 선생님이기도 하셨던 분이지요. 가장 마지막으로 증언을 들었던 분입니다.

Q 조선에서의 생활, 기억에 남는 것들에 대해 이야기해 주세요.

A 경상남도 남해군에서 태어났습니다. 바다 가까운 곳에 있던 농촌이었습니다. 1918년 7월생입니다.

보통학교를 나와서 상급 학교로 진학했습니다. 하여간 나는 공부를 좋아해서 영어를 원서로 읽을 정도였습니다. 가족은 농사일을 했습니다. 그 시절에 아이를 학교에 보내는 가정은 복 받은 집이었습니다. 아버지는 학교 선생님이셨습니다. 갑자기 일본인들이 들이닥쳐 경찰관이나 교장 자리를 모두 차지해 버렸습니다.

다이쇼 4년(1915년) 즈음부터 교사직 경험이 없는 일본인이 허리에 대검을 차고 교단에 서서, 조선말을 금지하고 일본말 사용을 장려하면서 조선말을 쓰는 어린이들은 때렸습니다.

마을에 온 일본인 순사는 일요일이 되면 조선인 아이들에게 '잉어를 잡아오라', '은어를 잡아오라'는 등 성가실 정도로 명령했습니다. 조선 사람은 바다에 사는 물고기만 먹었기 때문에 강에 사는 물고기를 잡아본 적이 없어 이 일을 선명히 기억하고 있습니다.

Q 강제연행에 대해서 말씀해 주세요.

A 쇼와 9년(1934년) 모집 연행으로 일본에 끌려왔습니다. 광부를 모집한다는 사람이 마을에 와서 모집을 했습니다. 근처 마을에서도 모집되어 마을 사람 8명 정도가 일본행 배를 탔습니다. 그 때는 모집만 했는데, 말은 모집이라고 하더라도 희망자가 있다면 모집하겠다는 모집과는 다릅니다. 억지로 데리고 갔지요. 청년들을 억지로 끌어냈습니다. 모집이라는 명목 하에 이루어진 강제연행이었습니다.

우리 때에는 모집이었지만 '지원병'이라고 불렀습니다. 여자들은 '정신대'라고 해서 무리하게 끌어내서 데리고 갔습니다. '모집'[6]이라는 말로 속였던 것입니다.

Q 처음에 어디로 보내졌습니까?

A 부산에서 배를 타고 고구라小倉까지 갔습니다. 거기서 열차를 타

---

6 일본에서는 1939년부터 강제연행이 시작된 것으로 인식되고 있으나, 정갑천 씨의 증언에 의하면, 1937~8년부터 '모집'이라는 형태로 강제연행이 이미 시작되고 있었다. '모집'인데도 모집하는 측이 이들을 '지원병'이라고 불렀다는 사례는 아버지의 친구인 김재석 씨의 증언에서도 들을 수 있었다. 후쿠이현의 오이(大飯) 원자력발전소에 가는 길에 지금은 다리가 놓여 있는데(발전소 건설 때 생김), 이 다리를 건너면 철광석 광산인 이누미(犬見)광산이 있다. 이 광산에서는 조선인이 1,000명 정도가 강제 노동을 했었는데, 강제연행으로 온 조선인들을 강제 노동시키면서도 이들을 '훈련대'라고 불렀다고 한다.

이정호 씨(왼쪽)과 이야기를 나누는 정갑천 씨(촬영 ⓒ 나카야마 가츠히로)

고 도착한 곳이 아소麻生광산주식회사[7] 소유의 아카사카赤坂탄광이라는 곳이었습니다.

탄광 일은 물론 고된 일이었습니다. 인차人車(사람이 타는 광산의 엘리베이터)를 타고 한 시간 걸려 지하 1,000미터 이상 더 내려간 곳에서 석회를 캐내는 일이었습니다. 낙반 사고와 가스폭발 사고가 자주 있었습니다. 폭약을 터뜨리면 분진으로 아무것도 보이지 않았습니다.

일본어는 학교에서 배웠기 때문에 대체로 알고 있었지만, 표준어로

---

7 아소타로 전(前) 수상의 조부와 부친 소유의 회사로 1만~1만 5,000명이나 되는 사람들을 강제 연행했고 중국과 조선에서 광물, 물자를 수탈하여 부를 축적한 회사로 알려져 있다. 후쿠오카(福岡), 사가(佐賀)에서 이치석회암광산과 하치탄광을 경영했다(저자주).

배웠기 때문에 광산에서 듣는 사투리나 거친 말을 처음에는 알아듣지 못했습니다.

세 명이서 일을 하고 있을 때 낙반 사고로 어깨에 커다란 돌이 떨어져 살이 움푹 파였습니다. 탄광 안에 있는 진료소 같은 곳에서 치료를 받고 그 뒤에는 이이즈카시飯塚市에 있는 이이즈카병원이라는 큰 병원에 입원했지만 전혀 낫지 않았고, 상처가 아물지도 않았는데 병원에서는 '나가달라', '퇴원해라'고 해서 퇴원을 해야 했습니다.

낙반으로 조선 사람들이 한 번에 열 명이나 사망한 적도 있었는데, 대충 땅에 개를 파묻듯이 묻어버리고는 그것으로 끝이었습니다.

부상을 입은 뒤 나에게 일시금이 나왔고 입원 중일 때 내 의사도 묻지 않고 부모님에게 송금되었다고 들었지만, 나중에 확인을 해보니 돈은 부쳐지지도 않았더군요. 끊이지 않고 부상을 입어 반 년 정도 뒤 오사카에 가기로 마음먹었습니다. 더 이상 있을 수 없겠다는 생각이 들었습니다. 친구가 있는 와치초 가네우치광산으로 갔습니다.

Q 가네우치광산에서는 어떤 일을 하셨습니까?
A 가네우치광산은 텅스텐광산이었습니다. 탄광과는 달리 갱내가 얕았기 때문에 탄광보다는 일하기가 조금은 편했습니다. 가네우치광산은 해군이 운영하던 광산으로, 징용으로 끌려온 사람들이 대부분이었습니다. 인원수는 정확히 모르겠지만, 100명 정도는 있었던 것 같습니다. 내가 묵는 함바에 15명 정도 있었는데, 저를 제외하고는 모두 징용으로 끌려온 사람들이었습니다.

그런 깊은 산골짜기에서 도망쳐 나온 사람은 없었습니다. 외길에다가 마을까지 3킬로미터나 떨어져 있었기 때문에 도중에 반드시 잡히고 말았습니다. 갱내에서는 징용으로 온 사람들과 모집으로 온 사람들이 따로 다른 장소에서 일했습니다. 임금이 얼마 정도였는지는 몰라도 먹는 것은 우리와 같았습니다. 해군이 운영하는 광산이었기 때문에 쌀밥은 먹을 수 있었습니다.

당시는 대포탄 같은 것을 만드는 데 텅스텐이 없으면 안 되는 시대여서 광맥폭이 30센티미터밖에 되지 않은데도 양적으로 많이 판 것처럼 부풀리기 위해 착암기를 써서 커다랗게 팠습니다. 쇼와 17년(1942년)경에는 해군 내에 높은 사람이 매일 광산에 들락거리며 '고기가 먹고 싶다'며, 가까운 농가에서 키우는 소를 몰래 잡게 했습니다. 배급에도 고기 같은 것은 없기 때문에 함바 사람들에게는 조금도 나누어주지 않았습니다. 그 사람은 그렇게 매일처럼 와서 명령했습니다.

Q 해방 당시(1945년 8월 15일) 어디에 계셨었습니까?

A 해방 때 나는 산(가네우치광산)에 있었습니다. 일을 하고 있었는데 한 사람이 '일본이 항복했다'고 고함을 치며 들어왔습니다. 라디오를 듣고 있던 한 조선 사람이 '일본이 졌다. 고향에 돌아갈 수 있게 되었다'며 춤추기 시작했습니다. 이 소리를 들은 한 일본인이 '너 그런 소리하면 죽는다'라고 말했습니다. 그 일본인은 일본이 항복했다는 것을 모르고 있었던 것이었지요. 그날 밤은 밤새 마시고 춤추면서 '고향에 돌아갈 수 있다'며 모두 기뻐했습니다. 조선인이 있는 곳이라면 그날은 그 어느 곳이

나 똑같은 모습이었을 겁니다.

그 뒤 조선으로 돌아간 사람도 있지만, 모두 뿔뿔이 흩어져 다들 어디로 갔는지는 모르겠습니다.

Q 해방 뒤 일본에 왜 계속 머물렀습니까?

A 전쟁이 끝나자 배급도 없어졌습니다. 그 때까지 급료는 거의 없는 것이나 다름없었고 고향에 돌아갈 돈도 없는 상태였습니다. 어떤 신문기자가 내 얘기를 쓰면서 '종전終戰과 더불어 일자리가 없어졌다'라고 하던데, 이건 그 전에 급료가 제대로 지불되었다는 것을 전제로 한 이야기이지, 급료가 거의 없는 것과 마찬가지인 상태에서 '종전과 더불어 일자리가 없어졌다'라는 표현은 왜곡된 것입니다(다나카 사카이, "망간파라다이스", 90쪽 〈凱豊社, 1995년〉. 이 책의 문제점에 관해서는 제2부 제3장 참조).

Q 정갑천 씨가 망간광산에서 일하신 것은 전쟁이 끝난 뒤였지요?

A 한국전쟁이 있었던 쇼와 25년(1950년)부터 28년(1953년)경까지 망간 붐이어서 산페이광업, 마쓰시타광업, 사코다광업 등 안 다닌 곳이 없습니다. 교토 구라마鞍馬의 깊은 산골에 있는 망간광산에서도 4년 동안 일했었습니다. 그런데 저는 어렸을 때 이웃에 선교사가 살아서 영어를 좀 할 줄 알았기 때문에 히요시초에서 아이들에게 영어를 가르친 적도 있습니다. 광산에서 일한 것을 빼고는 가장 기억에 남는 일이지요.

Q 제 아버지로부터 영어를 할 줄 아는 분이라는 이야기는 들었는데 아이들에게도 영어를 가르치셨군요. 망간일로 진폐증에 걸리신 것은 언제쯤이

었나요?

　A 진폐증에 걸린 것은 쇼와 48년(1973년)이었는데 막노동을 하다가 쓰러져 진료소로 실려 갔더니 적십자병원에 가라고 해서, 거기서 진폐증이라는 것을 알게 되었습니다. 나중에 들었지만 진료소에서는 폐암으로 진단했던 것 같습니다. 탄광의 석탄가루와 망간 분진을 몇 십 년이나 마셔 왔으니 폐가 엉망진창이 되어 있었던 것이죠. 내 주위에 있던 사람들은 진폐증으로 일어나지도 못하고 저 세상으로 가서도 광산에서 망간 광석을 파고 있을지도 모르겠습니다.

　일본에 끌려와 쇼와 40년(1965년)까지 일했고, 그 다음에는 토목공사 일도 했습니다. 눈 깜짝할 사이에 일흔이 넘고 말았습니다. 살면서 좋은 일은 한 번도 없었습니다. 하고 싶은 말은 많지만 그런 이야기들, 마음의 한恨, 다시 생각하고 싶지도 않고. 이제 와서 이야기한들 아무 소용도 없는 일이지요. 이제 내 인생도 끝나 가고 있고 자식들도 일본 사람처럼 되어 버렸고, 또 나보다 더 고생한 사람들도 있을 것이고. 한숨밖에 안 나옵니다.

유종수 씨의 증언

히요시초에 거주하는 유종수 씨(가명)는 '한국합병' 때부터 일본이 패전할 때까지의 조선의 모습에 대해서 말씀해 주셨습니다. 망간광산에서도 일하셨습니다.

　Q 식민지 아래 조선은 어떤 상황이었습니까?

A 쇼와 6년(1931년)경이 되자 마을에 일본 사람들이 몰려들어 와 학교 교장이나 경찰서장, 부장, 세무서장 같은 권한 있는 중요한 일을 하던 조선인들을 쫓아내고 그 자리를 전부 일본 사람들이 차지했습니다.

조선 사람 집에 좋은 도자기라도 있으면 일부러 그 집에 무거운 세금을 매겨 생활을 어렵게 만들고서는 도자기가 세금 대신이라면서 몰수해가기도 했습니다. 부산이나 서울은 대도시니까 여러 가지 직업이 있었지만, 그 밖의 지역은 대체로 농사일로 살았습니다. 제가 살고 있던 마을은 쌀과 면을 주로 생산했습니다. 그런데 세금을 많이 매겨서 쌀과 면은 말할 것도 없고 좋은 물건들을 전부 팔지 않으면 세금을 마련할 수 없었습니다. 그리고 세금을 내지 못하면 차압까지 하면서 몰수해갔습니다. 정말 지독했습니다. 할 수 없이 조선 사람들은 밀이라든지 부서진 콩 같은 것을 떡 찧는 절구랑 비슷한 도구로 밟고 찧고 해서 죽 같은 것을 마시면서 연명해 가고 있었습니다.[8]

세무서가 너무 많은 세금을 요구하고 농민들은 그만큼 낼 수가 없었기 때문에 조금이라도 세금을 낮춰달라고 세무서에라도 찾아가면, 벚나무로 만든 몽둥이가 기다리고 있었습니다. 일본인은 조선인에게 높은 세금을 매기고 자신들은 그 위에 팔짱끼고 앉아 높은 월급을 받아가 돈을

---

8 조선에서 일본으로의 쌀 반출량은 1912년부터 1916년까지 연평균 19만 6350톤이었으나 1933년부터 1936년까지 기간에는 연평균 131만 250톤으로 급증했다. 조선에서 생산된 면화, 마, 누에고치 등 섬유 원료도 '공판제'라는 명목 아래 1911년부터 1945년까지 60만 톤이상 약탈해갔다. 조선의 소 170만 마리를 일본으로 가져갔는데 그 중 40만 마리는 태평양 전쟁 시기 '강제 공출'된 것이다(저자주).

벌었습니다. 참 혹독했습니다.[9]

　내 아버지도 토지를 몰수당해 하는 수 없이 일본에 건너와 염색 옷감을 헹구는 일을 했습니다. 당시 일본인들은 여자 옷을 세탁하는 일은 하지 않았습니다. 가슴까지 올라오는 작업복을 입고 춥디추운 바람이 부는 곳에서 차가운 강물에 들어가 빠는 작업이었습니다. 겨울이 되면 천을 빠는 사람은 냉증이나 냉증에서 오는 요통으로 고생하는 사람들이 많았다고 합니다.

　Q 일본에 오신 것은 언제였습니까?

　A 교토에서 옷감 헹구는 일을 하고 계시던 아버지를 의지해 소학교 3, 4학년 때 일본에 왔습니다. 교토에서는 9조에 있는 도가陶化소학교에 다녔습니다.

　교토 니시진西陣에 있는 경찰서 뒤편에 소이탄이 떨어져서 위험하다는 생각에 가족은 피난했습니다. 염색천 헹구는 일 같은 평화산업은 대부분 강제적으로 폐쇄되었습니다. 3전짜리 엽서 한 장으로 교토의 식물원으로 징집되었습니다. 주민등록대장이 있어서 그 대장에는 언제라도 징용될 수 있도록 갑종, 을종, 병종 이렇게 세 가지로 나눠져 있었는데,

---

9 많은 조선의 농민들은 농작물의 50퍼센트에서 90퍼센트에 달하는 높은 비율의 소작료가 매겨졌고 일본인과 이에 결탁한 일부의 지주들에게 결국 토지를 빼앗겼다. 일본인 지주, '동양척식주식회사', '조선흥업주식회사'를 비롯해 일본군과 결탁한 단체가 소작료라며 착취해간 곡물만도 약 2,100만 톤이나 된다고 한다. 제2차 세계대전 시기 일본은 '전시체제'라는 명분하에 강제공출로 조선의 농민들로부터 수확량의 절반 이상의 곡물을 약탈했다. 일본의 야만적인 약탈로 인해 당시 조선인구의 8퍼센트를 차지하는 농민들은 항상 기아에 시달렸다(저자주).

제 아버지는 을종으로 등록되어 있었습니다.

그 뒤 쇼와 18년(1943년), 교토 시내에는 전기세, 수도세도 내주고 임대료도 무료로 해줄테니 살라고 하는 사람이 많았습니다. 그러나 아무도 살려고 하지 않았습니다. 어디에 폭탄이 떨어질지 모르는 상태였기 때문입니다. 당시는 시골에 친척이 있으며 친척에게 신세를 져야 하는 상황이어서 나도 가재도구를 리어카에 싣고 오이사카 9호선이 지나는 언덕을 넘어 갔습니다. 피난하는 사람들이 긴 행렬을 이루고 있었습니다. 힘에 부쳐 언덕을 오르지 못하는 사람들은 도중에 장롱이나 다른 가재도구를 길거리에 버리며 걸었습니다.

Q 피난하신 후 망간광산에서 일하셨습니까?

A 미야마초에 있는 친척 집으로 피난해서 미야마초 망간광산으로 갔습니다. 광산에 갔더니 노무수첩이라는 것을 주었습니다. 그 뒤 징용하러 왔다고 해서 '군대에 끌려가는구나'라고 생각했는데, 그 노무수첩 덕택에 징용은 면하였고 지금까지 이렇게 살아 있는 겁니다. 노무수첩이 없는 사람은 일본인이든 조선인이든 모두 군대에 가야 했습니다. 미야마초 사사佐佐리에 있는 광산에서는 강제 징용된 조선인이 많이 있었습니다.

군병대 검사를 하는 장소에 가봤더니 사람들이 400명 정도 모여 있었습니다. 내가 아는 사람도 있었고, 도쿄나 가나가와神奈川에서 온 사람도 있었는데, 그 뒤 필리핀, 동남아시아에 끌려가 한 사람도 돌아오지 않았습니다. 재일조선인도, 본국에 있는 조선인도, 일본인도 모두 징용으로 군대에 끌려갔습니다. 망간광산에서 일하고 있거나, 광업권을 갖고 있으면 군대에 징용되지 않는다는 것을 알고 나서는 망간이 나오지도 않는데도 너나 할 것 없이 광업권을 신청했습니다.

군대 가는 것을 거부하면 헌병에게 철저하게 조사당한 다음 중영창重營倉행이지요. 중영창이라고 하면 군대 안의 형무소를 말합니다. 징벌도 받아야 하고 밥도 거의 주지 않아요. 경례하는 방법이 잘못되었다고 호되게 욕을 먹는가 하면 조선 사람은 인간 취급도 하지 않았습니다. 전쟁 중에는 그렇게 차별이 심했습니다. 일본인은 조선인이 오면 싫어서 도망가는 시대였습니다. 감색 한텐半纏[10]을 걸치고 가슴에 붉은 글자로 무슨 무슨 반이라고 쓰인 옷에 노동자들이 신는 일본식 작업화를 신고 트렌치 모자를 쓰고 거리를 활보하면 일본인들은 이번에는 무서워서 도망갔습니다.

Q 왜 무서워했습니까?

A 폭력을 휘두르는 것도 아니고 아무것도 안 했지만 돈이 없으면서도 먹고 마시고 해서 동료들끼리 싸움을 하기도 했습니다. 이게 나쁘게 소문이 나서 무서워하는 것이었죠. 그렇지만 그건 일본이 조선에서 토지를 몰수해 버리고 하니까, 우리가 못 먹게 되었고, 그 결과로 그런 일들이 생긴다는 것을 일본인들은 모르니까 더 조선인을 혐오하는 것이었습니다.

---

10 일본식 겉옷으로 기장이 허리까지 오고 옷고름이나 깃이 없어 작업복이나 방한복으로 활동적으로 입는 옷을 말한다(역자주).

미야마초와 게이호쿠초의 경계에 있는 가게하시掛橋광산에도 강제연행된 조선인들이 있었고 사사야마篠山의 후쿠즈미福住광산에도 강제연행으로 끌려온 사람들이 많았습니다. 사사야마선의 종착역에 있었던 것으로 기억합니다.

"강제연행"에 대한 나의 생각

다음은 "강제연행"에 대한 저의 견해를 정리한 것입니다.

Q. 강제연행이란 무엇인가?

A. 정확하게 정의가 내려진 말은 아니므로 사람에 따라 그 정의가 달라질 수 있는 용어지만, 일반적으로는 중일전쟁 중, 조선인과 중국인을 노동자로서 강제적으로 동원한 것을 가리킨다.

Q. 어떤 형태로 동원되었는가?

A. 원래는 계획적으로 할당을 받았던 석탄회사 등이 조선총독부가 지정한 지역에서 경찰의 지원 아래 '모집'이라는 명목으로 필요한 인원 수를 징발했다. 1939년 조선 남부의 농촌은 대가뭄으로 기아 상태에 있었기 때문에 그 중에는 스스로 '모집'에 응하는 자도 있었다.

1942년부터는 징발 업무를 일원적으로 조선총독부가 실시하였고 집단 조직을 편성해서 송출하는 '관 알선' 방식이 시작되었다. 1944년에는 국민징용령을 적용한 '징용'이 발동되었다. 군 요원에는 필요한 인원을 우선적으로 확보하기 위해 처음부터 징용령이 적용되었다.

전쟁 말기 공습이 한창일 때 이른바 본토 결전태세를 조성하기 위해 공장 소개와 특공기지 건설을 위한 터널 공사가 추진되었는데, 여기에 필요한 노동력을 조선의 젊은이들로 충당했던 것으로 이들은 군 명령에 의해 마구잡이로 징발된 것으로 추정된다.

그러나 그 정확한 실태는 아직 제대로 알려지지 않고 있다. 이송 루트는 주로 관부연락선이었으나 수뢰나 잠수함 공격으로 폐쇄된 뒤부터는 조선 북부의 복목항伏木港[11] 등을 통해 동해 방면의 선로가 이용되었다.

Q. 노동 실태는 어떠했는가?

A. 일본 기업 중에는 조선인노동자를 일본인 동원 노동자와 동등하게 대우하는 기업도 있었으나, 일반적으로는 피식민지 노동력으로 취급하여 혹독한 민족차별을 당했다. 가는 곳이나 일하는 장소에 관해, 군요원은 군사 기밀이므로 당연한 일이지만, 일반 노동자도 대부분의 경우는 본인이나 가족에게 알려주지 않았고 계약기간이 만료해도 귀향할 수 없었던 것이 다반사였다. 임금도 도망치는 것을 막기 위해 강제저금 등이라는 방법을 통해 충분히 지불되지 않았고, 가족들의 귀국 요청도 원칙적으로는 금지되고 있었다. 또한 '내지內地'[12]에서는 특별고등경찰을 중심으로 한 조선인 단속 조직인 '협화회協和會'에 가입해야만

---

11 재차 확인 작업을 거쳤으나, 현재의 한국 지명에서는 확인되지 않는다(역자주).
12 일제강점기 일본은 일본 본토를 '내지'로 그 외의 식민지 영토는 '외지'로 불렀다(역자주).

했다. 조선인 노동자가 일하는 직장은 석탄 채굴, 토건 등 주로 위험한 일들이어서 사고로 인한 사상, 도망 그리고 자의적인 형벌이 일상화되어 있었다.

Q. 일본인 동원과 어떻게 달랐는가?

A. '강제 연행이 몇 명이다'라는 식의 표현은 '강제연행'의 개념이 일정한 것이 아니기 때문에 그다지 의미가 없다. 전시 동원 체제 아래서 ① 누구에게, ② 어디로부터, ③ 어떻게, ④ 언제부터 언제까지 동원되었는지 수치의 대상 범위를 명확하게 해야만 한다. 조선인 강제연행은 일본인의 전쟁 동원과는 질적으로 다른 것으로, 가혹한 강제력이 작용했었다는 것을 염두에 두지 않은 채 이에 대해 생각할 수 없다.

▼1910년대의 토지조사사업에 관해서는 이미 서술했지만, 조선인들이 논밭을 빼앗기고 산을 빼앗겼다는 점, ▼식민지 노동력으로 혹독한 민족차별 아래 놓여있었다는 점, 그리고 민족차별에 의해 임금, 취직, 주거 등에서 차별을 받았다는 점, ▼일자리라고 해도 '중노동'의 가혹한 노동을 강요받는 곳이었다는 점, ▼명목은 '모집'이면서도 경찰의 지원을 받으며 사실상 징용되었다는 점, ▼경찰별로 조직화된 협화회에 가입을 강요당했다는 점.

이 중 어떤 것을 보더라도 일본에서의 노동력 착취는 1939년 이전부터 존재했다. 이에 대해 강제력이 작용하지 않았다고 말하는 것은 역사를 제대로 보지 않고 있다는 증거일 뿐이다. 강제연행의 의미를 축소하지 않고 일본의 식민지 지배라는 역사로부터 사고하지 않으면 본질을 볼 수 없게 된다. 이것이 '강제연행'에 대한 나의 생각이다.

5장

진폐증과의 싸움

망간광산 노동자의 역사

광산 채굴로 인해 생기는 병환에 관해서는 지금으로부터 280년 전의 기록이 남아 있습니다. 1726년 시마네현의 이와미石見광산에서는 '게다에氣絶'라고 불린 증상입니다. 시코쿠四國 니이하마新居浜의 벳시別子광산에서는 '요로케'[1] 혹은 '야마요와리山弱'로도 불렸습니다. 원인이 무엇인지 알 수 없었던 희귀병으로 각혈을 하고 운동 능력이 없어져 계단도 오르지 못하는 상태가 되는 병이었습니다. 이 병에 걸린 광산 노동자는 동료들의 집을 떠돌며 밥을 얻어 먹고, 35세에 '환갑'을 지내고 40세에 사망했다는 말도 있습니다.

단바 지방의 망간광산의 역사는 이미 소개하였으므로 여기서는 채굴 방법과 광부들에 관해서 쓰겠습니다. 메이지明治시대에는 노천 혹은 노천과 비슷한 형태로 채굴을 했지만, 점차 갱도를 파서 땅 속 깊은 곳까

---

1 '비틀거린다'는 뜻으로 이 병에 걸리면 걸음걸이가 비틀거리는 데에서 비롯된 명칭이다(역자주).

지 들어가는 방식으로 바뀌었습니다. 농사를 짓는 사람들은 갱도에 들어 가는 것을 기피했습니다. 위험하기도 하고 중노동이었기 때문입니다.

히요시초의 광산에서 망간이 최초로 채굴되었는데, 여기에 광산 노 동자로 모인 사람들은 피차별부락 주민이었습니다. 그 역사는 다이쇼大 正시대[2]로 거슬러 올라갑니다. 당시 피차별부락 주민은 농지를 가진 사 람이 매우 적었고 대부분이 소작을 하거나, 김매는 일을 돕는 정도로 생 계를 유지하고 있었습니다. 사는 곳 가까이에서 망간광산 일을 하게 된 다면 고정적인 수입이 생길 것이므로 '생활이 안정된다'는 이유로 광산 에서 일하는 사람들이 많았습니다.

아버지와 함께 인터뷰 조사를 하면서 들었던 당시의 생활상은 '논일 을 돕는다고 해도 돈을 받지도 못했고 대신 쌀을 받았는데, 보통 한 되의 절반은 묵은 쌀'이었다고 합니다. 피차별부락 주민의 어머니들은 걸핏 하면 영양실조에 걸렸다고 합니다. 유아의 영양상태도 나빠 다른 지역 에 비해 사망률이 높았다고 합니다. 1965년에 유아의 사망률을 조사한 책을 보면, 후나이구 내에서 히요시초가 월등히 높았다는 기록이 남아 있습니다. '모유가 나오지 않아 어쩔 수 없이 현미를 갈아 아기에게 먹였 다. 그러자 심한 설사를 하고 죽는 경우도 있었다'는 증언도 들은 적이 있습니다.

조선인이 망간광산에서 일하게 된 것은 1930년대부터입니다. 이때 부터 서서히 피차별부락 주민의 취업형태에 변화가 생겼고, 이들은 말

---

2 일본식 연호로 다이쇼시대는 1912년부터 시작된다(역자주).

이나 소가 끄는 달구지로 망간을 운반하는 일을 이들이 하게 되었다고 합니다. 여성의 대부분은 광석을 고르는 일(손으로 광석과 폐석을 골라 나누는 일)을 하였습니다. 피차별부락 주민에 대한 대우는 망간광산에서 강제노동한 조선인에 대한 대우와 비슷했다고 합니다. 다음은 그 증언의 일부입니다.

> 전쟁 중에는 조선인이 광산 사고로 죽는 일도 있었지만, 사고 원인을 규명한다고 정부에서 사람이 나와 광산을 시찰하는 일 같은 것은 없었습니다. 노동재해보험 지급도 없었고 위로금도 없었을 뿐더러 그저 매장해 버리면 그것으로 끝났습니다. 불발된 다이너마이트를 꺼내다 오폭으로 인해 손목이 날아 가버린 조선인도 있었습니다. 전쟁 때에는 전쟁으로 매일 많은 일본 사람이 죽었기 때문에 광산에서 큰 부상을 당해도 아무 것도 아니라는 분위기였습니다. 전쟁 중에는 조선인이 어떤 광산에서 몇 명이나 일하고 있는지를 파악하기 위해 경찰이 자주 왔습니다. 그 이유는 모르겠습니다. 아마도 삼엄하게 감시하고 있었던 것이 아니겠습니까. 전쟁이 계속되자 규석광산에도 망간광산에도 거의 대부분 조선인들이 일하게 되었습니다.

진폐증은 어떤 병인가

갱내에서 암석을 다이너마이트로 폭발하면 산산조각 난 돌이 먼지가 되어 공기 중을 떠돌게 됩니다. 아주 미세한 먼지라서 눈으로 보기에는 연기처럼 보일 뿐입니다. 3~5미크론 정도의 크기로 알려져 있습니다. 50센티미터 정도의 양이 떨어지는데 2시간이나 걸릴 정도로 아주 가벼운 가루인데 인간이 그 먼지 안에서 작업을 하면 그 먼지는 다시 공중으로 떠

다니게 됩니다. 이 연기처럼 보이는 가루의 정체는 다이너마이트 폭파에 의한 분진으로 현미경으로 보면 창처럼 끝이 뾰족하게 생겼습니다. 이 분진이 폐를 찌르면서 다량 축적됨에 따라 폐는 딱딱하게 굳어지게 됩니다. 폐가 서서히 굳어지면(이를 '폐가 섬유화된다'고 말합니다), 이산화탄소와 산소의 교환이 어려워집니다. 그러면 호흡하기가 아주 곤란해집니다. 이것이 '진폐증'이라는 것입니다.

전쟁 전에는 진폐塵肺라고 하지 않고 규폐珪肺증이라고 불렸습니다. 규석珪石이 원인으로 추정되었기 때문에 붙여진 이름이라고 합니다. 1930년에 광산법이라는 법률에 의해 규폐는 직업병으로 인정되었습니다. 그러나 직업병 대책에 관한 법률로 '규폐등특별보호법'이 제정된 것은 그로부터 25년이 흐른 1955년의 일이었습니다.

1955년에서 5년 뒤, 적용 범위가 확대되어 법률의 이름이 규폐에서 진폐로 바뀌고 '진폐등특별보호법'으로 변경되었습니다. 규석에 포함되어 있는 규산뿐만 아니라 석면, 시멘트, 철, 보크사이트 등의 분진도 원인으로 간주되었습니다.

그러나 문제는 또 있었습니다. 광산 노동을 하면 진폐증에 걸린다는 사실을 광부들은 1970년이 되어서야 확실하게 인식하게 된 것입니다.

왜 1970년대까지 진폐증이라는 중대한 피해를 광산 노동자들에게 철저히 주지시키지 않았을까. 일본 정부는 1955년부터 10년에 걸쳐 단계적으로 광물 자유화를 추진해 외국산 광물을 넉넉하게 수입할 수 있게 하고, 일본 국내의 광물이 바닥나더라도 수입산 광물만으로도 공급을 조달할 수 있도록 조치를 취했습니다. 국내 광산에 의지해 경제성장을 추진하기 시작한 시대에 '광산 노동을 하면 고치기 힘든 병에 걸린다'는 사실을 분명히 알리지 않은 것은 이것이 알려지면 광산 노동자가 부족해져 광물 채굴이 되지 않을 것을 우려했기 때문입니다. 줄곧 국내산 망간은 전시 중과 마찬가지로 필수불가결한 물자였던 것입니다.

'규폐등특별보호법'이 시행된 뒤부터는 광부들에게 방진마스크 착용을 교육하기는 하였지만, 중증 질환에 걸릴 수 있다는 것은 가르쳐 주지 않았습니다. 이 때문에 광산 노동자들의 대부분은 방진마스크를 왜 착용하는지 제대로 알지 못했습니다. 또한 당시 방진마스크는 호흡할 때 강하게 숨을 들이마셔야 숨쉬기가 가능했습니다. 이 마스크를 착용하면 호흡 곤란으로 질식할 것 같아서 일에 지장을 주기 때문에 광부들은 거의 착용하지 않았습니다.

그리고 진폐증 환자가 증가하기 시작한 1970년경에는 대부분의 망간광산이 폐광된 상태였습니다. 진폐증은 폐의 기능이 저하되는 40세부터 50세 정도 사이에 발병하기 때문에 망간광산 일을 그만둔 다음에서야 진폐증에 걸렸다는 사실을 알게 되는 경우가 허다했습니다. 법률이 만들어지기 전에 진폐증으로 타계하신 광부들이 많았습니다. 일본에서 광부일을 하다가 한반도로 귀국한 뒤에 각혈을 하며 돌아가신 분들도 많았다고 들었는데, 분명 그분들도 진폐증을 앓았을 것으로 생각됩니다.(제2부 제3장에서 한국에서 진폐증으로 돌아가신 광부 유족의 증언이 그 실태를 말해줍니다)

단바 지방의 진폐증에 관해서

단바 지방의 진폐증에 관해서는 1970년경부터 히요시초 피차별부락 주민들 다수가 각혈 증상을 보였던 것에 대해 먼저 설명해야겠습니다. 피차별부락에 왜 각혈 증상이 다발하는지에 대해 히요시의 어느 보건소 직원이 의문을 품게 되었고, 이에 대해 히요시초의 후지오카藤岡진료소의 후지오카라는 의사는 결핵 환자라고 생각되었던 환자의 주검을 해부해 이것이 진폐증이라는 것을 알게 되었습니다. 보건소 직원과 의사 후지오카의 추적이 없었다면 그 후에도 '결핵'으로 오진되는 환자들이 계속 나왔을 것입니다.

아버지가 7년 동안이나 오진 받은 상태에서 결핵약을 처방받았던 것은 앞서도 썼습니다. 오랫동안 스트렙토마이신을 투여 받아 그 부작용으로 난청 증상까지 보였었지만, 당시 아버지를 진료했던 게이호쿠병원의 의사들도 진폐증이라는 병을 모르고 있었던 것입니다.

아버지가 마지막으로 진폐증이라는 진단을 받은 것은 교토의 어느 병원에서였습니다. 히요시초에 사는 아버지의 친구가 교토 시내에 있는 다카오高雄병원의 마쓰이松井 원장이라는 사람을 소개해줘서 진찰을 받았는데, 다카오는 500년 전부터 청지靑砥라고 하는 천연 숫돌을 채굴해오던 곳인 만큼 마쓰이 원장은 채굴 작업으로 인한 진폐증을 알고 있었기 때문에 아버지의 증상을 보고 진폐증이라고 진단할 수 있었습니다.

아버지는 마쓰이 원장으로부터 이미 당시 결성되어 있던 교토의 진폐동맹을 소개받았고 진폐동맹의 사무국장이었던 미야이리쇼고宮入正午

라는 인물을 알게 되었습니다. 이 분은 병원에서 사무를 보시는 분이었는데 진폐동맹 운동에서 중심적인 활동을 하셨던 분입니다. 이후 진폐동맹 게이호쿠 지부와 미야마 지부가 만들어졌습니다.

진폐증과의 싸움

그 때까지 결핵이 아닌 진폐증의 결과라는 것을 알게 되었지만, 그때까지 진폐증에 걸린 전 망간광산 노동자들을 누가 구제할 것인가, 일본 행정의 어느 부처가 대응해야 하는가 등 여전히 문제가 많았습니다.

겨우 노동재해보험으로 구제될 수 있다는 것을 알고 당연히 노동기준감독서라는 곳에 진정을 하러 갔습니다. '진폐증에 걸린 전 망간 노동자를 구제해 달라'고 주장하자, '규폐등특별보호법'이라는 구제법이 있음에도 불구하고, 처음에는 '구제할 수 있는 법률이 없다'는 답변이 돌아왔습니다. 어느 피차별부락에서는 망간광산에서의 취업률이 높아 가족 전원이 진폐증 환자가 된 가정도 있었습니다.

인터뷰에서는 '아버지도 몸이 힘들어져서 밭일은 고사하고 숨 쉬는 것조차 괴로울 지경이 되어 걷지도 못하였지만, 수입도 전혀 없는 상태여서 병원에도 가지 못하는 상황이 계속되었다'며 지옥과도 같은 생활을 회상하는 분도 있었습니다. 그 분(고인)의 증언을 여기 소개하겠습니다.

아버지의 친구 분 이야기인데, 진폐 환자인 그 분은 기침이 멈추지 않아 턱이 빠졌습니다. 병원에 가서 진찰을 받았지만 의사는 무슨 중상인지 전혀 파악하지 못하고 다른 치료를 했던 것입니다. 석 달 뒤에 그 분은 체력이 완전히 소모되어 죽고 말았습니다. 믿을 수 없는 얘기지만, 의사한테 턱이 이상하다고 호소했는데도 의사는 턱이 빠진 것을 모르고 있었습니다. 턱이 빠진 채 생활했기 때문에 식사도 제대로 못했습니다. 그래서 쇠약해져 갔습니다.

그밖에도 차 운전 중에 피를 토하다가 교통사고를 당해 돌아가신 분도 있었습니다. 잠을 자다가 목에 담이 걸려 질식사하신 분이 있는 등 비참하게 죽은 사람이 한도 끝도 없었습니다.

당시 진폐증을 결핵이라고 생각했었기 때문에 시골에서는 결핵 환자가 있다는 것을 알면 일본 사람들은 아이들에게 '저 집은 폐병 환자 집이니 놀지 마라', '폐병에 걸린 집에는 시집보내지 마라'고 했습니다. 진폐증 환자 집은 동네에서 따돌림을 당했던 것입니다. 결핵에 대한 편견, 차별이었습니다. 더구나 진폐증 환자 가운데에는 피차별 부락 사람이나 조선 사람이 많았기 때문에 이중으로 차별을 받았습니다. '폐병'에 걸린 집이라고 알려지는 것을 두려워해 병을 감추려고만 했습니다. 그래서 진폐증이 결핵과 같은 바이러스가 아니라 물리적으로 돌가루가 폐를 찔러 고인 피가 각혈로 나오는 것이라는 것이 알려질 때까지 차별은 계속되었습니다.

'보도 중지'라는 괴이한 사건

진폐증이 전국적으로 문제가 되자, 히요시초에 일본의 공영방송인 NHK 취재진 20여 명이 다큐멘터리를 찍겠다며 두 달 정도 과거의 망간광산 노동자와 인터뷰 촬영을 했습니다. 물론 전 망간광산 노동자들도 촬영에 협조했습니다만, 촬영이 끝난 뒤 방송 예정일을 사흘 앞두고 우리는 '방송할 수 없게 되었다'는 소식을 접했습니다. 이유를 물었더니 노동부로부터 압력이 있어 방송할 수 없다는 것이었습니다. 진폐증이 전국적으로 문제화되어 진폐증 재판이 전국 곳곳에서 시작되고 있는 시점에 히요시초에서 진폐증에 대한 운동이 일어나고 있다는 것을 방송하면, 일본 전국에서 진폐증 환자들의 목소리가 커져 상황이 더욱 악화될 우려가 있으므로 방송을 중지하기로 결정했다는 것이었습니다.

아버지로부터 이 소식을 듣고 저는 무척 화가 났습니다. 취재를 했음에도 그런 이유로 방송을 하지 않았던 것입니다. 당시에는 언론도 우리 편이 아니었습니다.

그러나 이대로 진폐증 문제를 방치해둘 수는 없다고 생각해 어떻게든 구제받을 수 있도록 방법을 찾아보기로 했습니다. 노동기준감독성에 진정 차 방문을 해도 직원은 '구제할 법률이 없다'는 말만 반복했고 괴로움과 분노는 한계에 다다랐습니다.

조선인 입장에서 볼 때 '국책'이라며 '강제연행'해 망간을 파내게 했으면서, 진폐증에 걸리니 이제는 이런 처사인가라는 생각에 분노가 치밀었습니다.

먼저 들고 일어선 피차별부락 주민들은 거듭 강하게 진정 활동을 펼쳤습니다. 그리고 마침내 노동재해 인정이라는 결과를 쟁취했습니다.

그 인정의 내용은 관리1부터 관리4까지 분류되어('관리1~4'란 '증상'의 정도를 의미), 관리4로 인정되면 노동재해보상금, 즉 치료비가 지급되지만 관리1부터 3까지는 노동재해보상금을 지급받지 못합니다. 처음에는 관리4로 인정받는 경우가 많이 있었으나 지금은 나라에 돈이 없다는 이유로 어지간한 중상이 아니고서는 관리4로 인정받지 못하고 있습니다. 당시에는 관리4로 인정받는다고 해도 겨우 5~6만 엔 정도여서 한 가족이 생활할 수 있는 금액은 아니었습니다.

진폐동맹의 결성

피차별부락 사람들의 진정 활동을 통해, 진폐증을 인정받기 위해서는 나라로부터 검진받는 것이 필수라는 것을 알게 되었습니다. 그래서 검진 실현화를 하나의 돌파구로 노동재해라는 것을 인정받기 시작했습니다. 그리고 게이호쿠초에서도 집단 검진이 성사되어 게이호쿠초가 운영하는 버스를 대여받아 검진받을 진폐증 환자를 찾아 돌아다녔지만, 사람들은 '폐병' 환자가 있는 집으로 알려지는 것을 두려워해 우리는 검진 희망자를 거의 모집하지 못했습니다. 첫 번째 집단 검진에는 겨우 8명의 환자가 검진을 받는 데 그쳤습니다.

　첫 번째 검진은 교토시의 공장보건회병원이라는 곳이었는데, 8명 가운데 7명이 노동재해로 인정을 받았습니다. 재해로 인정받으면 치료비는 거의 무료이고 노동재해보상금도 지급된다는 것이 알려지자, 2두 번째부터는 집단 검진 희망자가 대폭 늘었습니다. 생활고로 병원비를 마련하지 못하고, 질환이 있다는 사실조차 말하지 못한 채 고통받던 전 망간광산 노동자들로서는 마지막으로 지푸라기라도 잡아보겠다는 심정과 다름 없었을 것입니다.

　진폐증에 걸린 사람들은 기분이 우울하고 정신적으로도 궁지에 몰려있는 경우가 많습니다. 그래서인지 우울 증세를 보이는 경우도 있었습니다. 그럴 법도 하지요. 숨도 쉬기 힘든 하루하루가 호전되는 일 없이 계속되기 때문에 정신적으로 우울해지는 것입니다. 어떤 조선인이 진폐

중 인정 신청을 내고 인정이 결정되기 직전에 자살하였는데, 장례식 당일 인정 통지서를 받았다는 슬픈 이야기도 있습니다.

히요시초로부터 게이호쿠초, 그리고 미야마초, 와지초로 진폐증이 인정된 환자의 수는 계속 늘어나 150명에 달했습니다. 그리고 이 마을 주변에 위치한 교토부 단바초(현 교단바초), 미즈호초(앞과 같음), 야기초(현 난탄시), 가메오카시, 마이즈루시, 효고현 사사야마시, 시가현 구츠기촌(현 다카시마시), 그리고 교토시로 이주한 환자 등 진폐증이 인정된 환자는 상당수에 달했습니다. 교토부와 시가현의 진폐증 환자가 연합하는 형태로 1972년 6월 "교시진폐환자동맹"이 결성되어 1975년에 히요시초 지부와 시가 지부가, 1977년에 게이호쿠 지부가, 다음 해에는 미야마 지부, 1981년에는 가메오카 지부가 결성되었습니다.

이렇게 진폐동맹 지부가 결성된 지 벌써 사반세기 이상이 흘렀습니다. 그러나 여전히 진폐증으로 고통받고 있는 사람들이 있습니다. 이 책을 출판하려는 즈음에 경험자 두 분으로부터 광산에서의 일과 진폐증의 증세 등에 관한 귀중한 이야기를 들을 수 있었습니다. 최근 상황을 이해하는 데 도움이 되기를 바랍니다(두 분은 2009년 1월 22일 히요시초에서 인터뷰했습니다).

오자키 이치 씨(가명)

저(오자와 이치[大崎一])는 쇼와 3년(1928년)에 태어났습니다. 히요시초의 산페이山平광산에서 마을 사람 10명 가량이 일했었습니다. 나는 피차별 부락에서 태어나 자랐는데, 광산에서 일하는 사람들은 거의가 부락 사람들이었습니다. 왜 망간광산에서 일하기를 바랐는가 하면, 갖고 있는 밭도 없고 산도 없었기 때문에 '망간광산에 일자리가 있다'는 소문을 듣고 망간광산에서 일하게 된 것입니다. 아버지도 어머니도 여기서 일했고 제 할머니도 망간광산에서 일했습니다. 우리 집은 망간광산 일가였습니다.

저는 어머니가 겪었던 일들을 잊을 수 없습니다. 어머니는 몸이 튼튼해 병치레 한 번 않던 분이었습니다. 1리 이상 떨어진 망간광산에 다니려면 이른 아침에 집을 나와 걸어가야만 했습니다. 아침 8시부터 일을 계속 했습니다. 광석을 고르는 일을 했지요. 집에 돌아오지 못하는 날은 광산의 함바에서 자곤 했습니다. 마시는 물은 우물물이었는데 망간이 베어든 물이었습니다. 오랜 기간 그 물을 마셨기 때문에 망간 중독 증세를 보이기 시작했습니다. 망간을 함유한 물은 몸에 좋다고들 했으니까 아무런 의심도 없이 마셨던 것이지요. 어머니는 63세에 돌아가셨습니다. 손이 떨리고 다리는 휘청거려 제대로 걷지 못하는 증상을 보였습니다. 참혹했습니다. 뇌도 망간 중독으로 망가져서 정상이 아니었습니다.

어머니의 증상을 사람들에게 차마 말하지 못했습니다. 돌아가시기 전에는 당신의 배설물을 손으로 만지기도 했습니다. 요즘에 말하는 알츠하이머라는 치매 증상이 아닙니다. 의사 선생님이 '망간 중독'이라고 진단해주었습니다. 오랫동안 일했기 때문에 망간이 몸에 쌓여 중독된 것이었습니다.

연금은 받았지만 아주 미미한 금액이었습니다. 중독에 대한 보상도 아니었습니다. 어머니는 고통에 고통을 받다가 돌아가셨습니다. 증상을 보인 후 3년도 버티지 못했습니다.

함바에서 점심도 먹었고 잠을 자며 생활하기도 했습니다. 그러나 망간이 들어간 물이 그렇게 무서운 것인 줄 몰랐던 것입니다. 정말 안타까운 일이었습니다. 우리 마을에서는 어머니를 포함해 세 사람이 망간에 중독되었습니다.

저는 히요시초의 산페이三平광산에서 얼마간 일했는데, 함바에는 조선 사람들이 엄청나게 많았습니다. 이제 나이가 들어서 누가 누군지 사람들 이름은 잊었지만 조선인들과 함께 일했습니다.

산페이광산에서는 망간을 모은 집하장에서 망간 깨는 일을 하기도 했습니다. 크러셔라는 기계로 가루가 되게 부수는 일입니다. 이런저런 일을 하고 있을 무렵, 저를 포함한 젊은 사람 세 사람 정도에게 미에현의 도바鳥羽 쪽에서 일하다 오라고 해서 2년 동안 그곳에서 일하다가 돌아와 와치라는 광산의 집하장에서 일했습니다. 토목공사 일을 돕기도 했습니다. 쇼와 50년(1975년) 전후였던가. 그 때부터 토목공사 일이 부락 출신 업자에게도 맡겨지기 시작해 일용직으로 날품팔이를 하기도 했습니다.

망간광산은 도합 15년 일했던 것 같습니다. 조선인들과 줄곧 같이 일했습니다. 거의가 조선(한국)으로 돌아가 지금은 없습니다만.

저는 일찌감치 호흡기를 달아야 했으나 진폐증 인정은 좀처럼 받지 못했습니다. 인정받은 것은 작년 일입니다. 진폐증 인정에는 단계가 있는데, 저는 기관지가 나빠져서 호흡기를 뗄 수가 없고, 또 목구멍도 안

좋아져서 목소리도 이상하게 변했습니다.

여기에는 부락해방동맹 지부가 있어 저도 임원으로 일했습니다. 교토부 위원장이면서 전국 위원장도 맡았던 아사다 젠노스케朝田善之助 씨도 이 부락에 와주었습니다. 관련 법률이 생긴 덕분에 마을 개량 사업을 했고, 또 그 덕택으로 마을의 아이들도 여러 회사에 취직하였습니다. 그렇다고 차별이 없어졌는가 하면 그렇지는 않습니다. 우리들 운동을 해온 사람이 지금 이 인터뷰에서 이름을 밝히지 못하는 것이 그 증거지요. 한심하지요. 차별 때문에 그렇습니다. 법률이 있을 때는 동맹원이 많았지만, 법률이 없어지자 동맹원 수도 줄었습니다. 저는 이제 여든이 되어 나서지 않고 있습니다.

다나카 고이치로 씨(가명)

저(다나카 고이치로〔田中浩一郎〕)는 쇼와 7년(1932년)에 태어나 올해 일흔일곱 살입니다. 어렸을 적부터 광산 채굴 일을 도왔습니다. 앞에서 오자키 씨가 말한 것처럼 우리들 부락(피차별부락) 사람들이 망간광산에서 주로 일했고 제 아버지도 망간광산에서 일했습니다. 그것 말고 다른 일이 없었던지라 자연스럽게 망간광산에서 일하게 되었던 것입니다.

스무 살 무렵부터 여러 광산에서 일했습니다. 채굴도 해보았고 운반 일도 했습니다. 주로는 히요시초 광산에서 일했습니다. 비루계곡광산이라든가 가네우치광산 같은 곳에서. 다 히요치초에 있는 광산입니다. 효고현의 산다三田광산, 후쿠이현의 오바마小浜광산에서도 일했습니다. 쇼와 36년(1961년)이었던가, 그 때는 교토의 하나세花背(사쿄구=佐京區)에서

'톤파기'를 해달라고 해서 거기서 일한 적도 있었습니다. '톤파기'라는 것은 한 톤 당 수고비를 정해서 채굴해주는 일이었습니다. 일당으로 일하는 것은 도저히 힘만 들고 생활은 되지 않았기 때문에 우리 부락에서 여섯 사람 정도가 그 일을 하러 다녔습니다. 하루에 10,000엔 정도 벌었던 것 같습니다. 일당으로 일하면 300엔도 벌지 못하던 때였습니다.

제가 스물다섯인가, 여섯일 때 일하던 광산에는 저 말고는 모두 조선인이었는데, 12~3명 있었습니다. 함바에서 밥도 같이 먹으면서 지냈지요. 그 때 거기서 일하고 있던 사람들 중에는 당신(지은이)이 아는 사람도 있을 겁니다.

제가 알기로는 진폐증인데도 결핵이라고 진단받아 돌아가신 분들이 많았습니다. 저 같은 경우 진폐 증상이 나타난 것은 쇼와 53년(1978년)이었습니다. 망간 일을 그만둔 뒤로 꽤 시간이 흐른 뒤였습니다. 그 때는 송이버섯 따는 일을 하고 있어서 산등성이를 10미터 정도 올라가곤 했는데 숨이 차서 두세 번 쉬지 않으면 앞으로 나가질 못했습니다.

진폐증으로 떠들썩해진 것이 쇼와 47년(1972년), 48년(1973년) 경이었습니다. 후지오카라는 의사 선생이 '왜 광산 일을 한 사람들에게 결핵이 많이 발생하는가'라는 의문을 갖고 우리들이 사는 지역을 조사했습니다. 그 결과 그것이 결핵이 아니었던 것이죠. 진폐증이었습니다. 그래서 우리들 세대만 해도 결핵이라는 오진 없이 진폐증으로 제대로 진단을 받았습니다.

진폐증 환자에게 인정 과정을 거쳐서 치료비 등을 보상해주게 된 것은 우리들 마을 출신인 선배들이 운동한 덕분이었습니다. 이 마을 입구에 비석이 있었지요? 우리 선배들의 이름이 새겨져 있는 비석입니다.

옛날 이야기지만, 노동재해를 신청하러 면사무소에 가면 담당자가 '어디에서 오셨나요?'고 묻거든요. 진폐동맹 지부장이라고 대답하면 대단히 정중하게 대우해주었습니다. 하지만 정부와의 교섭은 험난했습니다. 진폐증 관련법이 이미 있음에도 인정해주지 않았습니다. 정부와의 밀고 당기는 교섭은 참으로 힘든 일이었습니다. 그런 고생이 있었기에 운동이 진척되었고 인정도 받게 되었던 것입니다.

착암기로 망간을 캐던 사람들이 가장 심한 증상을 보였던 것 같습니다. 사람에 따라서 증상은 여러 가지였습니다. 다이너마이트로 발파시키면 갱내는 분진으로 앞이 뽀얗게 되는데, 그 때 망간 가루를 많이 마셨습니다. 몸에 나쁘리라고는 생각도 못했습니다.

저는 약 없이는 살지 못하는 몸이 되었습니다. 네 종류의 약을 복용하고 있습니다. 진폐동맹이 있었기 때문에 검진도 처음에는 매주 한 번씩 갔고 나중에는 한 달에 한 번 진료를 받아도 되었습니다. 폐를 날카로운 망간 가루가 찌르는 건데, 이건 평생 없애지 못한다고 합니다. 증상을 억제시키기 위한 약이지 낫게 하는 약이 아닙니다.

처음에는 부락해방동맹 회원이었으나 지금은 아닙니다. 다른 지역에 가서 '이렇게 차별이 있다'고 말해도 모두 침묵할 뿐이었습니다. '이렇게 해선 될 성 싶지도 않다'고 생각해서 그만두었습니다. 하지만 지금도 차별은 없어지지 않고 있습니다.

20년 전의 증언

다음은 1989년 교토 진폐환자동맹이 간행한 『진폐사塵肺史』라는 책자에 실렸던 증언 중 일부입니다.

"이 몸을 도대체 어떻게 해 줄 겁니까."

광산에서 일한 사람도, 망간 고르는 일을 하던 사람도 처음에는 모두 동작이 둔해지다가 손발이 저리는 증상을 보이고 자전거를 타면 자꾸 넘어지는 등 자신의 몸이 이상하다는 것을 깨닫게 되었습니다. 히요시초에서는 예전부터 중풍에 걸린 사람이 많았는데, 사실은 모두가 그 전에 광산에서 일한 사람들이었기 때문에 아무래도 이것도 망간이랑 관계가 있었던 것 같습니다.

어렸을 적부터 망간을 캐고 운반하고 골라내는 등의 일을 해왔고 이제는 망신창이가 된 몸만 남았는데 이에 대해서 아무런 조치가 없는 것은 이해할 수 없는 일입니다. 전쟁 후에 착암기가 들어와서 처음에는 정말 편리한 물건이라며 반가워했지만 오히려 일의 양은 많아져 더 고되었고, 먼지도 더 많이 생겨서 결국 오히려 몸을 망쳐 버린 사람들이 많았습니다.

광산에서도 공장에서도 망간은 약이라고 속였고, 망간을 핥기도 하고 광산의 물을 일부러 마시기도 했었습니다. 망간이 독이라는 것을 안 지금, 저는 가슴 깊은 곳에서 치밀어 오르는 분노를 참을 수가 없습니다.

망간을 골라내는 일을 하던 사람들은 속옷까지 새까맣게 될 정도였고 마스크를 쓰면 숨쉬기가 힘들어 일할 수 없기 때문에 먼지를 그대로 다 마시고 일했던 것입니다. 공장에서 일하던 사람, 공장 부근에 먼지를 뒤집어 쓰고 살던 사람들 중에는 전쟁 전부터 신경통 증세를 많이 보였는데 그 때문에 남편이나 부인을 잃은 사람도 많이 있었습니다.(……) 전쟁으로 고생하고, 광산에서는 완전히 망쳐버린 이 몸을 도대체 어떻게 해 줄 겁니까. (『진폐사』, 393쪽)

당시 진폐증 문제를 해결하기 위해 열심히 활동했던 교토대학, 오사카대학 직업병 연구회의 보고회에서 소개된 증언입니다. 앞서 두 분의 이야기를 들었던 것은 2009년이고 바로 위의 증언으로부터 20년의 세월이 지난 후여서 비교적 담담하게 말씀해 주셨지만, 증언에서도 느낄 수 있듯이 분들 모두 고투의 인생을 살아온 것에는 다를 바가 없습니다. 이분들의 고통을 직시하지 않는다면 또다시 같은 역사를 되풀이하게 될 것입니다.

|6장|

단바망간기념관의 탄생

아버지의 결의

'단바망간기념관'이 세워진 신오타니광산과 유게야마광산은 1983년(쇼
와 58년)까지 채굴 작업을 했던 일본에서 가장 오래된 망간광산입니다.
전쟁 중에는 40명 정도의 조선인이 여기서 망간 광석을 채굴했다고 합
니다. 당시의 상황은 자세히 알려져 있지 않지만, 경산남도 출신인 허
수규許守奎 씨라는 분이 '단바망간기념관'이 있는 신오타니광산으로 강
제연행되어, 1938년 갱내 낙반사고로 돌아가셨다는 증언이 있습니다.
동생인 허술조許述造 씨가 '단바망간기념관'에 오셔서 해주신 이야기입
니다.

    이런 역사를 품고 있는 이 두 광산에 대해 아버지는 어느 날 갑자기
"박물관을 만들겠다"고 말씀하셨고 이때부터 '단바망간기념관'의 역사
가 시작되었습니다. 진폐증을 앓으며 비참한 생활을 강요받았던 많은 조
선인들을 보아 오셨기 때문에 "조선인의 역사를 남기기 위해서 박물관을
남기고 싶다"고 외치셨던 것입니다. 동포에 대한 그 혼을 위로하겠다는

심정과 후세에 그 역사를 남기고자 하는 의지가 아버지로 하여금 그렇게 외치게 했던 것 같습니다.

기념관의 건설

때는 1980년대였습니다. 당시 일본은 거품경제로 경기가 활황을 띠고 있어 정부도 지원 사업 등에 돈을 헤프게 쓰던 시대였습니다. 박물관도 그랬습니다. 그래서 모처럼 박물관을 짓는다면 실제로 있었던 갱도 안을 체험하며 관광할 수 있는 것을 만들어보면 어떻겠냐는 아이디어가 나왔고, 그래서 우리들은 이쿠노生野광산(효고현 아사고시)을 견학하기도 했습니다. 이쿠노광산에도 강제연행된 조선인이 있었는데, 그곳 안내판에는 그런 일에 대해서는 단 한 줄도 쓰여 있지 않았습니다. 여하튼 이쿠노광산의 관광 갱도에다가 강제연행의 역사적 사실을 추가해 전시한다는 이미지가 여기서 완성되었습니다.

그러나 박물관에 관해 조사하면 할수록 우리들이 하려는 것이 얼마나 무모한 계획인지 알게 된 것도 사실입니다. 자료관 건설만도 평당 단가가 80만 엔에서 120만 엔 정도였고, 최종적으로는 수억 엔의 경비가 필요하다는 것을 알게 되었습니다. 물론 우리 집안의 어디를 둘러보아도 그런 막대한 돈은 갖고 있지 않았습니다. 건설비가 전혀 없었습니다. 나는 아버지에게 '이건 불가능하다'고 말했습니다. 그러자 아버지는 이렇게 말씀하셨습니다.

> 너는 냄비에 가득 담긴 밥을 먹는 데 한 번에 먹느냐. 숟가락으로 한 술씩 먹지 않느냐. 1억 엔도 2억 엔도 한 번에는 들어오지는 않는다. 일단 재료

살 돈이 있으면 되는 거다.

이해가 될 것 같기도 하고 안 되기도 한 설명입니다만, 하는 수 없이 돈이 들지 않는 일부터 시작하기로 했습니다. 1985년부터였는데, 예전에 광산에서 사용했던 불도저를 잡풀더미에서 꺼내 수리하기 시작했습니다. 그야말로 엔진의 피스톤을 건드리기 직전까지 완전히 분해해 닦아내고 다시 조립해 불도저를 재가동했습니다.

다음은 갱도를 확장하는 일이었습니다. 실제로 채굴하던 갱도는 삼사척(폭 90센티미터, 높이 120센티미터)밖에 되지 않습니다. 이 크기로는 방문객이 들어갈 수가 없습니다. 선 채로 들어갈 수 있는 크기가 아니었습니다. 그래서 높이 2미터, 폭 2미터의 크기로 확장하기로 했습니다.

그래서 구멍 주위에 다이너마이트를 설치해서 발파해 갔는데, 마치 귀이개로 바위를 깎고 있는 것과 같은 착각에 사로잡힐 때도 있었습니다. 그도 그럴 것이 하루에 10센티미터밖에 진척되지 않는 날도 있었습니다. 그 때 한 친구가 찾아와 저에게 뭘 하고 있느냐며 물었던 적이 있었는데, 제가 망간기념관을 만들 거라고 말하고 그 동안의 작업이나 앞으로의 구상을 말하자 그 친구는 할 말을 잃은 표정이었습니다. 나중에 그 친구가 말하기를 '이씨 부자가 약간 머리가 이상해진 것 아닌가'라고 생각했었다고 합니다.

하지만 어찌되었든 간에 조금씩 작업은 진척되어 갔습니다.

작업 효율성은 어떨지 모르겠지만, 갱도를 하나 넓히는 데 그다지 많은 사람의 손이 필요하지는 않습니다. 하지만 확장 작업을 하며 광석을 채굴하던 지점까지 도달하자 사정은 달라졌습니다.

　채굴하던 곳은 넓게 파여 있기 때문에 자칫 크게 발파해 버리면 100 미터 정도의 넓은 구멍의 천장이 주저앉고 맙니다. 광부들이 쓰는 말로 이것을 '산이 온다'라고 합니다. 이렇게 되면 낙반할 위험이 있기 때문에 도로 공사에도 쓰이는 '콜픽'이라는 착암기로 조금씩 깎아갈 수밖에 없어서 많은 일손이 필요하게 됩니다.

　그래서 아버지가 어떻게 하셨는가 하면, 장남에게 근무하던 직장을 휴직하고 와서 거들라고 했습니다. 장남도 자금 문제를 걱정하며 '갱도를 넓히는 데 필요한 다이너마이트는 1개 200엔 정도면 살 수 있지만, 건물을 세우는 데 드는 돈은 어떻게 하겠다는 거냐'며 말한 적이 있어, 회사를 휴직하고 작업을 도우라는 아버지의 말씀에 적잖게 놀랐던 것 같습니다.

　놀란 형에게 아버지는 '우리는 돈이 없다. 철도수송과 마찬가지다. 출발할 때에는 연료나 짐을 가득 싣지 않아도 상관없다. 다음 역에 도착하면 거기서 다시 다음 역까지 갈 수 있는 연료와 짐을 싣고, 또 다음 역을 향해 가면 된다'는 식으로 설득을 하셨습니다. 유교 문화권에서 아버지의 명령은 절대적인 것이었으므로 형은 아버지의 말에 따랐습니다. 또한 아버지의 친구 분도 달려와 격려와 도움을 주셨고, 어머니의 동생도 힘을 보탰습니다. 이렇게 해서 마침내 본격적인 공사가 시작되었습니다.

마을 사람들의 냉담한 반응

건물 재료비만은 어쩔 도리가 없었기 때문에 하는 수 없이 교토부에 융자 알선을 받고자 상담하러 갔었습니다. 그러나 교토부의 융자 담당자는 '당신들한테 융자해 줄 수 있는 제도 같은 것은 없다'라고 일언지하에 거절했고 전혀 협조할 자세가 아니었습니다.

반면 그 당시 박물관은 중요한 관광자원으로 여겨졌기 때문에 교토부의 관광 담당자는 '이건 아주 좋은 관광 자원이다. 이 지역의 관광 사업에 기폭제가 될 것이다'라며 적극 대응할 것 같은 모습이었습니다. 이 말을 그대로 믿고 돌아온 우리 부자는 '관광객이 많이 오면 주차장에 차가 다 들어오지 못할 수 있다. 주차장을 어떻게 하면 좋을까', '국도를 접하고 있는 입구에서 걸어 들어오면 몇 분 걸릴 것인가' 등 세세한 사항들도 고민했습니다. 스톱워치를 가지고 시간을 재어볼 정도로 분주하게 움직였지만, 그 사이 그 교토부 직원의 모습은 보이지 않게 되었습니다.

교토부가 안 된다면 이번에는 게이호쿠초에 요청을 해 보자며 게이호쿠초 주민 대표와 의논하기 위해 찾아갔습니다. 당시는 다케시다 수상이 이른바 '고향만들기사업'이라고 해서 전국의 시·정·촌에 1억 엔씩 뿌리고 있던 때였습니다. 이 사업으로 여기저기 지자체에서 박물관과 자료관이 건설되고 있었습니다. 그래서 우리는 제3섹터 방식으로 함께 박물관을 만들어보지 않겠냐는 제안을 했습니다.

과거 조선인 강제연행과 망간광산에서의 조선인 노동자들의 가혹한 노동 역사에 책임을 느끼고 함께 단바 땅에서 그 역사를 계승, 전달하는 것은 일본 행정의 일부인 게이호쿠초의 당연한 책무라고 생각했기 때문이었습니다. '단바망간기념관'이 조선인의 강제연행과 피차별부락 사람들의 고된 노동의 역사, 진폐증의 역사를 전시하게 될 것이라는 점을 설명하자, '그런 역사는 어두운 부분이고, 게이호쿠초의 이미지도 나빠진다'며 그 자리에서 거절당했습니다. 그 사람은 '금산과 은산에 관한 박물관이라면 사람들도 찾아오겠지만, 망간과 같은 검은 돌만으로는 볼거리가 없어 사람도 안 올 것'이라며 딱 잘라 말했습니다.

그 말을 듣고 아버지는 '여기는 90년도 훨씬 전부터 망간을 채굴하던 곳이다. 단바에서도 게이호쿠초는 망간광산이 가장 많았던 곳이다. 사람이 온다, 안 온다의 문제만으로 결정할 것인가? 마을의 상징인 망간광산의 역사를 보존해야하지 않겠느냐'고 반문했습니다. 그러자 대표는 '어쨌든 안 한다'는 말만 되풀이 할 뿐이었습니다.

아버지가 '대표는 무얼 해서 마을을 부흥시킬 생각인가?'라고 묻자, '원더랜드라는 골프장과 놀이동산을 만들겠다'고 답변했습니다. 지금 생각해보면 정부 돈을 받아 뭔가를 세울 생각이었던 것입니다. 재정 파탄을 일으키는 지자체의 전형적인 사고방식이었습니다. 그 사람은 '당신이 박물관을 만들어서 사람들이 오게 되면 그 때 돕겠다'고 했고, 아버지는 '사람들이 오게 되면 마을의 협조 같은 건 필요 없다. 우리들이 알아서 하겠다'고 말하고는 그 자리를 박차고 돌아왔습니다.

융자도 거절당하고

다음으로 국민금융공사에 융자를 신청하러 갔습니다. 융자 담당자는 처음에는 빌려줄 것 같은 분위기였지만 1985년이 다 끝나가는 12월 28일이 되어서야 안 된다는 연락을 해왔습니다. 융자 담당자의 설명은 융자 용도가 '관광'인데, 관광의 경우에는 게이호쿠초 대표의 도장이 필요해서 대표를 찾아갔더니 '그들에게 돈을 빌려주지 마시오. 빌려주면 박물관이 만들어지고 말 것'이라며 승인을 해주지 않아 융자를 못해주겠다는 것이 었습니다. 귀를 의심하지 않을 수 없는 이야기였습니다.

도대체 우리가 무슨 나쁜 일이라도 저질렀는지, 왜 이리 방해하는지 억울한 마음에 다시 대표를 만나러 갔지만, 처음부터 상대해 주려고도 하지 않았습니다. 그 때의 분한 마음은 지금도 똑똑히 기억하고 있습니다. 비참하고 억울한 기분이었습니다.

결국 융자를 얻지 못하고 기념관 건설도 절망적인 상황이 되어갈 무렵, 우리의 간절한 마음에 하늘도 감복했는지 지금까지 광산 채굴 기계를 두던 토지(산에 있는 땅)를 사겠다는 사람이 찾아왔습니다. 이것이 '허가虛仮의 일념'[1]이라는 것이겠지요, 옳다고 생각되는 일은 두려워하지 말고 밀고 나아가야 한다는 교훈도 얻었습니다. 팔 수 있는 것은 뭐든지 팔아 보자는 생각에 토지를 전부 팔았더니 건축 재료비가 마련되었습니다.

공사는 시작했지만

공사가 시작된 것이 1989년 6월 15일부터였습니다. 저는 광산 채굴에 관해서는 잘 알고 있었기 때문에 아침에 갱도에 들어가서 저녁까지 일했습

---

1 '허가'는 불교용어로 '어리석은 자'를 의미. '허가의 일념'은 어리석은 자라도 일념으로 모든 노력을 한 가지 일에 다하면 큰 일을 해낼 수 있다는 의미이다(역자주).

니다. 갱내 작업은 거의 저와 형 둘이서 했습니다. 갱내 작업은 다른 사람은 할 수 없었지만 갱 밖으로 반출하거나 간판을 설치하는 일, 진입로 정비 등은 오타니광산에서 일했던 광부 두 분과 어머니의 동생인 외숙부가 가세해서 도왔습니다.

갱도는 삼사 척 넓이였는데 이것을 사방 2미터로 확장해 갔습니다. 대체로 발파해 암반을 부쉈지만 작은 진동만으로도 암반을 지탱하는 지주가 충격을 받아 낙반 사고가 일어나는 경우도 있습니다. 어떤 경우에 그런 일이 벌어질지 쉽게 판단할 수 없기 때문에, 갱도 폭을 확장하면서 발파 여부를 판단하는 것이 어려웠습니다. 그것이 가장 힘들었던 일이었습니다.

갱도 입구로부터 50미터 정도 들어 갔을 때 곳에서 발파약을 써야 할지 말아야 할지 판단이 어려운 지점을 만났습니다. 이곳을 발파약을 쓰지 않고 손으로 팔 것인가, 소규모라도 발파약으로 잘게 부숴도 괜찮을 것인가 쉽게 판단할 수 없었습니다. 대단히 망설였습니다. 저도 광부이지만, 결과를 예상하기 어려웠습니다. 그럴 때에는 아버지의 지시를 받아 문제를 해결했습니다.

그 당시 아버지는 이미 병원에 입원 중이었습니다. 저는 아침 6시에 집을 나와 병원까지 모시러 갔습니다. 작업 현장에서 지시를 받기 위해서였습니다. 저는 갱내에 들어가 갱도를 넓히고 아버지는 밖에서 제가 작업하는 것을 지켜보았습니다. 기념관 건설을 시작하는 날부터 그런 날들이 매일 계속되었고, 작업 초기 단계에서부터 최대 난관에 부딪치게 된 것이었습니다. 난관이란 앞서 말한 그 어려운 지점이었습니다.

갱도 밖에 있던 아버지는 '발파하면 산이 무너진다. 절대 안 된다'고 제지하셨습니다. 발파의 진동으로 대규모의 낙반 사고가 일어난다는 것이었습니다. "손으로 파라". 아버지의 지시는 곧 최종적인 판단이었습니다.

그래서 저는 천장 부분을 남겨가면서 바닥 부분을 콜픽이라는 착암기로 부수기 시작했습니다. 겨우 5미터 눈앞에 갱도가 뻗어 있어 발파약을 쓴다면 족히 사흘 정도면 바로 갱도와 갱도를 연결할 수 있었지만 그렇게 할 수는 없었던 것입니다. 그 난관 지점에서의 갱도 확장 작업은 3개월이나 걸렸습니다.

마을의 무관심이라는 높은 벽

드디어 건물이 올라가기 시작하고 이제는 개관 계획을 세울 수 있겠다고 생각할 무렵, 다시금 새로운 문제가 부상했습니다. 관광버스가 지나가기에는 도로가 너무 좁았던 것입니다. 국도에서 기념관까지는 2미터 폭의 도로가 이어져 있습니다. 그러나 관광버스가 지나가려면 적어도 폭이 4미터 이상은 되어야 합니다. 참 곤혹스러운 문제였습니다. 우리들에게 민간 토지를 매수할 만한 자금은 없었습니다. 그렇다고 해서 2미터로는 보통 승용차도 서로 왕복하기 힘든 폭이었습니다. 하는 수 없이 게이호쿠초의 건설과장에게 '산기슭을 깎게 해 달라'고 제의했습니다. 그러자 단번에 허가를 내주었습니다. 저는 반대 의견이 나오기 전에 서둘러 깎아야 한다는 생각에 24시간 철야작업을 해서 2주 만에 200미터를 깎았습니다. 나중에 그 건설과장이 '반대하는 사람이 있으니 깎는 것을 기다려

달라'고 했지만, 이미 전부 깎은 뒤였습니다. 깎아버린 산을 다시 회복할 수는 없는지라 수직으로 깎인 산기슭을 비스듬하게 해서 지금의 모양새가 된 것입니다.

마지막으로 기념관으로 이어지는 도로 모퉁이의 전신주가 자동차 진입에 방해가 되어서 간사이전력에 전신주를 이동시켜달라고 요청했습니다. 그러나 3개월이 지나도 옮겨주지 않아 그 이유를 물었더니 마을에서 반대를 해서 공사를 할 수 없다는 대답을 들었습니다. 즉, 마을 대표가 찬성하지 않기 때문에 관광협회도 협력 못한다. 상공회도 협력 못한다. 그러니 간사이전력으로서도 협력하고 싶어도 할 수 없는 상황이라는 것이었습니다. 결국, 게이호쿠초는 물론 외곽 행정의 협력조차도 전혀 받을 수 없었습니다.

전신주 이전 문제는 간사이전력이 마을 주민들과 대화를 통해서 결국 이전할 수 있었지만, 개관까지의 준비 과정은 순탄하지 않았습니다.

개관을 1989년 5월 3일로 정하고

공사가 시작되어 3년째가 되는 1989년을 맞이하였습니다. 갱내 작업도 아직 끝나지 않았고 '기념관 부속 시설까지 완성하려면 아직 수년 더 있어야 한다'고 생각하고 있었습니다. 그렇지만 아버지는 '올해 5월 3일에 개관한다'며 개관 예정일을 신문 지상에 발표하고 말았습니다.

아버지로서는 당신의 병세를 생각해 하루라도 빨리 문을 열고 싶어 하셨던 것 같습니다. '아직 갱도 정비도 손을 못 대고 있으니 조금 더 기다려야 한다'고 말씀드렸지만 아버지의 열의를 당해낼 수 없었습니다.

아버지의 개관 날짜 발표 이후 작업은 더욱 빠른 속도로 진행되었습니다. '단바망간기념관' 간판 설치와 대형버스가 들어올 수 있도록 도로를 정비하는 등 열심히 뛰었습니다. 그리고 개관일인 1989년 5월 3일을 맞이했습니다. 초대를 받고 와주신 정회町會의원 두 분(18명의 의원 전원에게 초대장을 보냈지만 2명만 참가했습니다), 공사에 관계했던 분들 등이 참석해 주었습니다. 당시는 조선인의 강제연행의 역사가 신문, 텔레비전 등에서 보도되었기 때문에 교토와 오사카의 방송사들이 카메라를 들고 취재하러 와주었습니다.

아버지는 대장장이의 복장을 하고 참가자들을 갱내로 안내했습니다. 이 날만을 위해 자신의 병든 몸에 채찍을 가해왔던 아버지였기에 아버지의 얼굴은 정말로 맑게 갠 하늘과 같은 표정이었습니다. 마침내 그 날을 맞이했던 것입니다.

'단바망간기념관'에 대한 보도도 호의적이었고 당시는 조선인의 강제연행 등 역사 문제에 대해서 관심이 높았던 때였기 때문에, 긴키近畿지방2을 중심으로 많은 방문객들이 찾아와 주었습니다.

그러나 여전히 전시물 등 갖춰야 할 것들이 많이 남아 있었습니다. 아버지는 '내가 살아 있는 동안 완성해야 한다'고 말씀하셨고, 개관 뒤에도 우리 가족은 함바를 예전에 사용했던 실물 크기로 세우고, 소가 끄는 달구지를 직접 만들었습니다. 아버지는 스테로이드라는 독한 링거 주사를 맞으면서 현장에서 지휘하셨습니다.

---

2 교토와 오사카 2부 및 그 주변의 시가, 미에, 나라, 와카야마, 효고의 5현을 일컫는 지역명이다(역자주).

'단바망간기념관'이 개관할 당시 '마을 발전'의 차원에서도 마을 인구의 절반에 해당하는 인원수가 찾아오면 대성공이라고 여겨졌습니다. 게이호쿠초의 인구가 7,000명이었는데 개관 첫 해 방문객 수는 인구의 3배에 가까운 약 2만 명을 기록했습니다. (그 후에는 매년 15만명, 1만명, 8천 명으로 감소했지만 20년 동안 총 20만 명의 방문객을 맞이했습니다)

이렇게 박물관이 활황을 띠자 이전에 게이호쿠초 대표가 '박물관이 만들어진 다음 사람들이 찾아가게 되면 그 때 돕겠다'고 했던 말이 생각났지만, 그 사람은 그 뒤에도 아무런 도움을 주지 않았습니다. 여담이지만, 당시 그 대표가 말했던 골프장과 놀이동산 건설 계획은 거품경제가 붕괴하면서 모두 중지되었다고 합니다.

기념관을 개관하고 수년이 지난 어느 날, 아버지의 친구 한 분이 저에게 마을 사람들이 기념관 건설에 대해 어떤 태도였는지를 설명하시면서, 관공서 직원들이 '저 놈들(우리 이씨 부자를 지칭) 조센징朝鮮人이 아니면 협조하겠는데'라고 말했었다고 귀띔해 주었습니다. 절친한 사이라고 생각하고 말씀해주신 것이었지요.

아버지의 죽음과 나에게 맡겨진 기념관

아버지의 진폐증은 더욱 악화되어 갔습니다. 집에서 기념관에 나오는 것조차 어려워질 정도로 쇠약해져 갔습니다. 저는 자식들이 알아서 지을테니 걱정 마시라며 기념관에 오시는 것을 막았지만, 아버지는 막무가내셨습니다. 그래서 스테로이드의 단기간 대량 투여로 병환이 급속하게 악화되어 갔고 개관한지 6년이 지나자 드디어 아버지의 몸은 움직이지도 못하고 제대로 숨도 쉬지 못하게 되었습니다. 그리고 돌아가시기 10일 전에 아버지는 저를 병원으로 부르셨습니다. 아버지는 병상 옆에 앉아있는 저를 돌아보시며 말씀하셨습니다. "이제 인수인계를 해야겠다."

인수인계를 하시는 아버지에게 저는 '단바망간기념관 적자 문제는 어떻게 해야 합니까'라고 물었습니다. 그러자 아버지는 '어떻게 할지는 너에게 달렸다'고 말씀하셨습니다. 대답 속에는 '어떻게 해서든지 헤쳐 나가라'는 아버지의 간절한 바램이 묻어 있었습니다.

그런 말씀 뒤 아버지는 점차 숨을 잇지 못하셨고 결국 눈을 감으셨습니다. 돌아가시기 직전 아버지의 모습, 그 고통이 저에게도 고스란히 느껴졌습니다. 그러나 눈앞에 죽음을 맞이하면서도 정면으로 죽음을 바라보며 동요하지 않는 모습을 보고 저는 아버지의 의지가 얼마나 강한 것인지 느꼈습니다.

기념관 건설 후의 반응

'단바망간기념관'의 개관은 언론 관계자들의 주목을 받았고 신문 지상에도 종종 소개되었습니다. 특히, 이 지역 지방지인 「교토신문」은 1989년 개관 당시부터 지면을 할애해 주었습니다. 같은 해 12월 1일부터 24일까지 20회에 걸쳐 "어느 날 진폐증이라는 것을 알게 되어"라는 제목으로 연재기사를 실어, 단바망간의 역사, 재일조선인과의 관계, 진폐증 문제 그리고 '단바망간기념관' 건설 등의 노력을 일본 사회에 널리 알리는 데 일조했습니다.

또한 기념관이 주목받은 것은 국내 언론뿐만이 아니었습니다. 미국

을 대표하는 신문 「뉴욕타임즈」는 1989년 12월 5일 국제판을 통해 "혹
독한 기억을 남기려는 한 남자의 고뇌"라는 제목으로 제임스 스턴골드
James Stongold(뉴욕타임즈 특파원) 기자가 쓴 기사가 보도되기도 했습니다.
아버지의 '단바망간기념관'을 향한 의지, 그 역사, 그리고 재일조선인이
처해진 현실 등을 전하며, 기념관의 중요성에 대해 쓴 기사에는 이 마을
의 태도에 대해서도 설명되어 있습니다. 기사의 일부분을 인용하겠습
니다.

> 게이호쿠초의 관공서 담당관은 기자와의 전화 취재를 통해, '기념관은 오
> 로지 사적인 것으로 공적인 것이 아니다. 따라서 마을의 원조 대상이 되
> 지 않는다'고 말하면서도 '만약 기념관이 더 많은 사람들의 관심을 끌게
> 되면 마을로서도 원조할 수 있을 수도 있다'고 대답하고는 그 이상의 질문
> 에 대해서는 답변을 거부했다.

'단바망간기념관'은 일본 교토의 외진 작은 마을에 위치한 박물관이
지만, 재일조선인 스스로가 그 역사를 이야기 하고, 계승하고자 하는 공
공성이 강한 장소로서 지금까지 일본에 존재하지 않았던 시설입니다.
「뉴욕타임즈」는 이와 같은 의의와 더불어 현지 지방행정의 지극히 몰이
해적인 대응이 전쟁 후 일본사회의 역사 문제에 대한 자세를 상징적으로
보여준다는 것을 세계를 향해 비판적으로 보도했던 것입니다. 이 보도는
꼭 기억해 두어야 할 가치가 있다고 생각합니다.

겨울에 휴관하기 시작한 것은 개관 2년째 되던 해부터입니다. 첫 해
는 겨울에도 쉬지 않고 문을 열었지만, 그 해 겨울은 눈이 많아서 견학

오는 사람이 적었습니다. 그래서 2년째부터 12월 15일부터 2월 말까지 기념관을 휴관하기로 했습니다. 그런데 2월 말이 되어도 눈이 녹지 않는 일도 있어서 10년째부터는 3월 15일까지 문을 닫기로 했습니다. 휴관 기간 동안에는 전시품을 교체하기도 하고, 갱도 안을 보수하는 공사를 하기도 했습니다.

'인권네트' 가입과 첫 위기

'인권네트'라고 들어본 적 있는지요? 정식 명칭은 '인권 자료 · 전시 전국 네트워크'라고 합니다. 1996년, 일본 각지에 30개 이상 있었던 차별과 인권문제에 관한 박물관, 전시시설, 연구기관 등으로 결성된 네트워크 조직입니다. 일본에서 유일하게 인권 관련 종합 박물관이면서 1985년 설립된 '오사카인권박물관(리버티오사카)'과 일본의 차별 반대 운동의 창시자 격인 수평사운동을 기념해 나라현 고세御所시 가시와라柏原에 설립을 준비하고 있던 '(가칭)수평사역사관' 건설추진위원회(현, 수평사박물관), 그리고 항구적 평화와 부락 차별 문제 해결을 목표로 히로시마현 후쿠야마福山시에 설립된 '후쿠야마시 인권평화 자료관' 이 세 기관이 발기 단체가 되어 만들어진 네트워크입니다.

'단바망간기념관'은 이들 단체의 네트워크 구성 호소에 부응해 인권네트에 가입했습니다. 당시 '단바망간기념관'은 일본에서는 재일조선인에 관한 차별과 인권 문제를 전문적으로 다루는 유일한 전시 시설이었습니다. 또한 피차별부락 사람들의 망간광산에서의 노동의 역사도 전시 소개하였습니다. 저로서는 각지의 다양한 시설, 기관과 교류함으로써 기념관의 활동을 보다 왕성하게 펼칠 수 있겠다는 바램이 있었습니다.

한편 인권네트 사무국 분들은 '단바망간기념관'과 같은 시설이 공적인 원조를 일절 받지 못하고 가족들의 독자적 노력으로 운영되고 있는 상황을 어떻게든 타개해보고자 노력해주고, 가족처럼 독려해주었습니다.

2000년에는 "인권네트" 제5회 총회가 게이호쿠초에서 개최되었는데 이 총회는 인권과 차별 문제를 전시하는 것이 "어둡고", "이미지가 나빠진다"며 '단바망간기념관'에 대한 재정적 원조를 완고하게 거부해온 현지 행정에 대해, 인권에 관한 시설과 기관이 일본 각지에 있다는 사실을 알리면서, 동시에 전국적으로 '단바망간기념관'에 대한 일본 행정의 대응을 주목하고 있다는 사실을 인식시키는 강렬한 자극제가 되었습니다.

'단바망간기념관'이 처음으로 경영 위기에 빠진 것은 그 총회 직후였습니다. 개관한 뒤 단 한 번도 흑자를 내지 못하고 저희 가족이 사재를 털어 경영을 지속해 왔었습니다. 기념관 옆을 지나는 국도 162호선은 교토 시내와 후쿠이현의 오바마 방면을 연결하는 주요 도로여서 여름에는 마이즈루와 오바마 방면으로 해수욕 놀이를 가는 관광객이 가는 도중에 기념관에 들리는 경우도 많아 일정 규모의 방문객을 유지할 수 있었습니다. 그러나 1998년 교토 시내의 게이시京滋 우회 도로를 기점으로 하는 교토 종관縱貫 자동차도로가 마이즈루 도로와 연결되자, 국토 162호선의 교통량은 눈에 띠게 감소했고 이에 비례해서 방문객 숫자도 감소 일로를 걸었습니다.

그리고 2001년 상반기, 이윽고 저희 가족만의 힘으로는 도무지 기념관을 유지해갈 수 없는 상태가 되고 말았습니다. 수백만 엔의 빚을 갚을 방도가 없었습니다. 안타깝지만 '단바망간기념관'을 폐관할 수밖에 없다는 결심을 하고 근방의 "인권네트" 소속 시설과 기관에도 이 결심을 털어놓았습니다.

그런데 제가 들은 것은 이 결단에 대해 "존속해야 한다"는 의견이었습니다. 그뿐 아니라 "인권네트" 분들은 시민들로부터 모금을 해 당면한 운영 자금을 확보해 주었고 그 뒤에도 기념관 운영을 항구적으로 해갈 수 있는 구조를 만들자는 정말 마음 든든해지는 제안을 해주셨습니다. 그러나 저로서는 당시 우리 가족이 안고 있던 부채를 해결할 정도의 모금이 모아질지 여부에 대해서는 반신반의했었습니다.

그러나 막상 모금을 해보니 정말 많은 분들이 모금에 참여해 주었습니다. 전국 각지로부터 1만 엔, 2만 엔, 마음을 담은 소중한 모금이 이어졌고 결과적으로 저의 예상을 훨씬 뛰어넘는 500만 엔이 넘는 금액이 모였습니다. 필요한 금액이 꼭 맞춰 채워졌다는 것 말고도 우리 가족이 계속 해온 기념관 활동을 이리도 많은 분들이 지켜보고 또한 응원하고 있다는 사실에 놀랐고 다시 한 번 기념관을 유지해야 한다는 책임감을 사무치게 느꼈습니다.

이 때 모금에 참가해주신 모든 분들께 형언할 수 없는 고마움을 느낍니다. 정말로 감사합니다.

NPO(비영리법인) 설립

모금을 통해 당장 직면한 경영 위기는 넘겼지만 만성적인 적자를 안고 가야 하는 상황에는 변함이 없었습니다. 이대로라면 다시 수년 뒤에 같은 사태가 일어날 것이고 그야말로 그 때마다 모금을 할 수도 없는 일이었습니다. 모금 활동을 전개해 주었던 "인권네트" 분들과 기념관의 운영 방식에 대해 많은 논의를 거듭했지만, 아무래도 어떤 방식으로든 게이호쿠초, 교토부와 같은 지방 행정의 협력이 없으면 기념관이 생존하기 어렵다는 결론밖에 나오지 않았습니다.

그러나 앞서 말한 것처럼 게이호쿠초의 태도는 완강합니다. 그 이유라고 할까, 그들이 말하는 구실 중 하나가 기념관이 백두광업유한회사가 경영하고 있다는 점이었는데, 즉 민간기업 시설이라는 점이었습니다. 한 기업의 영업 이익을 위한 활동에 공적 자금을 투입하는 것은 불가능하다는 것이었습니다. 영리 목적이든 뭐든 기념관은 개관 이후 지금까지 단 한 번도 이익을 내 본적이 없습니다만…….

그래서 생각해낸 것이, 그렇다면 기념관 사업을 담당하는 주체로서 특정비영리활동법인(NPO법인)[3]을 세우자는 것이었습니다. 원래부터 기념관 사업이 영리 목적으로 시작된 것도 아니었고 그 목적도 높은 공익성을 지니고 있으니 NPO법인은 '단바망간기념관'에 적합한 법인격이라고 할 수 있습니다.

2002년 3월 17일 설립 총회를 열었습니다. 그리고 교토부에 신고서

---

3 NonProfit Organization의 약자다(역자주).

를 제출하고 6월 27일 정식으로 인가를 받아 특정비영리활동법인 단바
망간기념관이 탄생하게 되었습니다. 법인의 이사장으로는 여기 교토에
서 오랫동안 인권운동을 위해 헌신해온 야마우치 마사오山內政夫 씨가 맡
아주었습니다. 야마우치 씨는 '인권네트'의 가맹단체이기도 한 교토시
의 야나기하라 은행기념자료관의 사무국장이기도 합니다. 그리고 부이
사장으로는 교토에서 인권운동과 노동운동으로 활약해 오신 고영삼高
英三 씨가 취임해주셨습니다. 이 사진에는 기념관의 설립 경위를 감안해
서 '인권네트'를 통해 알게 된 분들이 많이 참여하고 있습니다. 무엇보다
게이호쿠초의 인권 교육, 인권 행정에 관계해 온 오히라 히사요시大平久
芳 씨와 단바망간광산의 노동재해 피해자를 위한 조직인 진폐동맹의 회
장직을 맡아 온 야마구치 히데오山口秀雄 씨가 이사직을 수락해주신 것이
마음 든든했습니다.

NPO법인을 운영하게 되면서 기념관 사업도 크게 활성화되었습니
다. 종래는 갱도와 자료관에서의 상설 전시가 기념관의 유일한 볼거리
였으나, NPO법인으로 바꾼 뒤에는 일 년에 적어도 한 번씩은 특별전
시를 개최할 수 있었습니다. 지금까지 다음과 같은 특별전시가 열렸습
니다.

"한국의 망간광부들"(2002년 7월 13일~9월 16일)
"부락部落과 재일在日"(2003년 7월 13일~9월 28일)
"조선의 피차별 민중 '백정'과 형평사 운동"(2004년 7월 25일~8월
29일)

"일본은 해남도에서 무엇을 했는가"(2005년 9월 17일~12월 14일)

"인외人外,[4] 대도帶刀, 자부심"(2006년 7월 24일~12월 15일)

"인물로 생각하는 부락 차별"(2007년 4월 8일~7월 21일)

"차별을 살아온 여성들"(2007년 8월 8일~12월 14일)

　특별전시를 개최하는 데 소요된 비용의 절반은 2004년까지는 게이
호쿠초가 보조해주었고, 게이호쿠초가 교토시와 합병한 다음 해부터는
교토시가 지원을 해주었습니다. 개관 당초에는 그렇게도 완강하게 관여
를 거부해왔던 지자체가 특별전마다 일부지만 재정적인 지출을 결단하
게 된 것은 역시 '인권네트'의 활동과 NPO법인의 설립, 보다 사업 내용을
보강했기 때문이 아닌가 생각합니다.

　또한 2006년에는 재단법인 교토 오무론지역 협력기금이라는 곳에서
주최하는 "제17회 휴먼풍차상"에 뽑혀서 100만 엔이나 되는 상금을 수상
하는 영예를 안기도 했습니다.

　재단법인 교토 오무론지역 협력기금은 교토부 지역의 복지 향상, 청
소년 건전 육성, 여성들의 지위 향상 등 지역 활동에 관한 사업을 통해
지역 사회 발전에 기여하는 것을 목적으로 교토 시내에 본사를 둔 오무
론주식회사가 설립한 재단인데, "휴먼풍차상"은 이 기금에서 주창하는
취지에 기여한 단체에 증정되는 상이라고 합니다.

　저는 이 수상식에 아버지 이정호의 영정을 들고 참석했습니다. 저희

---

4 피차별부락민들은 과거 '사람이 아니다'라는 뜻의 '비인(非人)'이라고 불리기도 했다. 여기
　서 '인외'는 '사람 외'라는 뜻으로 피차별부락민들의 차별적 상황을 나타내는 말이다.

일가족 전원이 모든 힘을 쏟았던 기념관 활동이 사회적으로 높이 인정받
게 되었다는 것이 너무도 기뻤고, 그 때까지 해왔던 모든 고생이 헛되지
않았다는 뿌듯한 마음이 들었습니다.

7장

단바망간기념관 관장직을 이어받아

노골적인 차별을 경험하고

'단바망간기념관'은 아버지의 각오가 없었으면 태어나지 못했을 시설입니다. 1989년 개관하고 나서 돌아가실 때까지 6년 동안 아버지가 기념관의 관장 일을 보셨습니다. 벌써 아버지 사후, 제가 관장직을 이어받은 지 14년 정도 흘렀습니다. 이미 저는 아버지가 하신 것보다 두 배 이상의 기간 동안 관장 일을 맡아온 셈입니다. 이 짧지 않은 세월, 제가 기념관을 유지하고 운영해올 수 있었던 것은 아버지의 유지를 잇고자 했던 마음뿐 아니라, 이용식 저 자신의 기념관에 대한 각오가 있었기 때문이었습니다. 이 책의 제1부 마지막장인 이번 장에는 저 자신에 대해 쓰겠습니다.

저는 1960년, 스물여섯이 된 아버지의 세 번째 아들로 태어났습니다. 제 밑으로 태어난 여동생을 빼고는 저를 포함해 모든 형제가 망간광산 함바에서 태어났습니다. 그러나 제가 태어났을 즈음에는 가장 맏형이 이미 소학생이었고 산골 함바에서 학교까지는 너무 멀어서 통학이 어려웠었고, 영원히 함바에서 내내 살 수 있는 것도 아니어서 우리 가족은 산을 내려오기로 했습니다.

그 당시 제 맏형과 누나는 조선인이라는 이유로 유치원에 입학할 수 없었습니다. 농사짓는 집안의 아이들 이외에는 유치원에 들어올 수 없다는 형식적인 규칙이 있기는 했지만, 실제로는 농가가 아니더라도 일본인이라면 모두 유치원에 다녔습니다. 노골적인 조선인 차별이었습니다.

제가 태어난 뒤인 1962년의 일이었다고 들었는데, 맏형이 소학교 2학년 때였습니다. 당시는 아직 모든 가정이 텔레비전을 가질 수 있었던 시기는 아니어서, 형을 포함한 동급생들은 텔레비전을 보러 교장 선생님 집에 자주 갔다고 합니다. 그런데 어느 날 어머니가 형을 데리러 그 집에 갔더니 밖에는 눈이 내리는데 형만 현관 바로 바깥에서 텔레비전을 보겠다고 문종이 틈새에 눈을 대고 서 있었다고 합니다. 어머니가 왜 너 혼자 이런 곳에서 보고 있느냐고 묻자 형은 선생님이 '너는 조선인이니까 밖에서 보라'고 했다는 것이었습니다. 이를 들은 어머니는 격노하셔서 '다시는 이렇게 차별하는 선생님 집에 가지 말라'고 아들을 호통치고 집으로 끌고 왔다고 합니다. 그리고 어머니는 아버지에게 텔레비전을 사야겠다고 했답니다. 그렇지만 당시 우리가 살던 집에는 전파 수신이 잘 되지 않아 텔레비전 영상이 잘 나오지 않았습니다. 그래서 아버지는 커다란 텔레비전을 산 속 함바까지 짊어지고 갔고 함바에서 겨우 텔레비전을 볼 수가 있었다고 합니다.

이렇게 해서 저희 집에 텔레비전이 들어오게 되었습니다. 그러자 지금까지 텔레비전을 보러 교장 선생님 집까지 갔던 다른 아이들도 모두 우리 집으로 오게 되었다고 합니다. 다른 아이들도 그렇게까지 노골적인 차별을 하는 선생님이 좋을 리는 없었겠지요.

폐품 회수를 도우며

아버지는 산을 내려온 뒤에도 셋방에 살며 광산일을 계속하셨습니다. 그 집 주인의 아들은 저와 동급생이었습니다. 소학교 2학년이 되었을 즈음, 아이들은 저에게 '조선인은 나가라'고 큰 소리로 떠들어댔습니다. 지금의 제 모습에서는 도저히 상상도 안 되는 일이지만, 그때 저는 울면서 집에 돌아와서 아버지에게 집을 사달라고 호소했습니다.

아버지를 키워주신 큰아버지가 1969년에 돌아가시고 그 다음해에 큰아버지의 차남이 광산을 경영하게 되어 아버지는 광산을 떠났습니다. 그래서 아버지는 게이호쿠초에서 대형쓰레기 회수업 허가를 받아 트럭으로 마을을 돌아다니며 쓰레기를 회수했습니다.

제가 소학교 6학년 때였습니다. 트럭 짐칸에 올라가 동급생 아이들의 집까지 돌며 폐품을 회수하고, 종이, 병, 철제 등으로 분류하는 일을 도왔습니다. 아버지의 일을 돕는 것은 당연한 자식된 도리였고, 저는 쓰레기 분류의 기본 작업을 배웠습니다. 지금 회상해보면 폐품 재활용 사업은 망간광산 채굴에 이어 우리 집안이 우여곡절 끝에 하게 된 두 번째 가업이었습니다.

고교시절, 교사의 집요한 괴롭힘을 당하며

백두광업이 도산한 1977년 경, 저는 기타구와다北桑田 고교라는 그 지역

학교에 다녔습니다. 입학하자마자 생활지도를 담당하는 A라는 선생이 저를 불렀습니다. 이 선생은 저를 꾸짖기 위해 불렀던 것이 아니었습니다. 그 선생은 이렇게 말했습니다. "너는 조센징이다. 조센징은 모두 불량배가 되어 학교의 풍기를 문란하게 한다. 너도 그렇게 될 것이 틀림없다. 불량배가 되기 전에 내가 너를 두들겨서 한수 가르쳐 주겠다". 저는 그 때까지 성실한 학생이었으나, 그 선생에 의해 저의 학교생활은 뭔가 조금씩 뒤틀려갔습니다. 매일 교내 방송으로 불려 갔습니다. 동급생들은 '너 무슨 짓 했냐'고 물었습니다. 담임선생도 A선생에게 무슨 잘못이라도 했냐고 물었고 제가 아무 짓도 하지 않았다고 말하자 고개를 갸우뚱거리기만 했습니다. 아마도 내가 입학하기 전에 졸업한 조선인 선배들이 품행이 좋지 않았던 것 같았습니다. 그래서 A선생은 제가 조선인이라는 이유만으로 그 선배들과 똑같이 될 것이라고 단정하고 일찌감치 억눌러 놓으려고 했던 것 같습니다. 학교에서 도난사건이라도 일어나면 근거도 없이 저를 의심했고 범인 취급을 하는 등 정상적인 학생이라도 비뚤어질 수밖에 없는 그런 '생활지도'였습니다. 지금 생각해보면, 완전한 차별, 그 자체였습니다.

그 중에는 좋은 선생도 있었지만, A선생만이 아니라 열 명 중 여덟 명 가량의 선생들은 거의 조선인 저를 차별했기 때문에 저에게는 지금도 선생님들을 은사로 여기는 마음은 없습니다.

제가 그렇게 생각하는 것은 그저 직감 같은 것이 아닙니다. A선생과 같은 선생의 언동을 다른 선생들이 용납하고 있었던 사실 때문입니다. 왜 직원회의 같은 자리에서 A선생을 주의 주지 않는가. 지금 와서 드는 생각이지만, 분명 이 부당한 사실은 교장선생과 주임선생 귀에도 들어갔을 것입니다. 시간이 흐르면서 제가 갖게 된 인식은 인권이라는 것은 주위에서의 저항이 다소 있다하더라도, 이를 타개하고자 하는 강한 의지가 없으면 존중되기 어렵다는 것입니다. A선생의 행동을 묵인했던 선생들에게 저는 실망할 뿐입니다. 이것이 80%의 선생이 차별에 둔감했다고 쓰는 이유입니다.

'저에게 이를 물리칠 힘이라도 있었다면'이라고 생각하기도 하지만, 선생에게 차별에 대해 따지며 대항한다는 것은 생각할 수 없는 일이었습니다. 요즘은 이런 교사가 있다면 동료 선생이나 학생들도 가만히 참고 있지만은 않겠지요…….

이 시절 저는 학교에서 돌아오면 집안일을 돕기 위해 광산에 가서 새벽 1시에서 2시 정도까지 일했던 탓에 다음날 아침 수업에 늦기 일쑤였습니다. 이것도 A선생이 저를 불러 설교를 하는 구실 중 하나였습니다. 담임 선생은 내가 집안일을 돕고 아침은 신문 배달을 하기 때문이라고 두둔했지만, 조선인을 적으로 여기는 A선생에게는 전혀 통하지 않는 말이었습니다. 지각을 세 번 하면 하루 결석한 것으로 계산되었기 때문에 결국 저는 결석이 많아져 출석일수가 부족해졌습니다. 그 뒤 1977년, 백두광산이 도산하고 학비도 낼 수 없게 되었고 결국 저는 고등학교를 중퇴했습니다.

공사판과 망간광산 일을 시작하다

고등학교를 2년 다니다가 중퇴한 저는 그 후 오사카로 일하러 다녔습니다. 건설 공사 현장에서 일을 했고 음식점 바텐더 일도 해보았습니다. 일

년가량 지난 뒤, 아버지에게 광산일이 떨어졌습니다. 현장은 현재 교토부 교단바시 미네야마峰山의 규석광산이었습니다. 규석은 주로 병의 원료가 되는 광석입니다. 그 광산은 당시 다이에라는 회사의 상무로 있는 분이 경영하는 광산이었습니다. 페그마타이트[1]의 표면처럼 울퉁불퉁한 거친 지질의 광상[2]이었습니다. 산 표면으로부터 노천굴을 파서 채굴하려고 하자 광상의 윗부분이 서서히 우산 모양을 형성해 붕괴 위험이 있었습니다. 그래서 오사카 통산국에서 채굴 중지 명령이 내려왔습니다. 그 정도로 어려운 채굴 현장이었기 때문에 채굴 기술로 명성이 있었던 아버지에게 채굴 제안이 왔던 것이었을 것입니다.

우리들은 가족 모두가 미네야마산의 규석광산에 들어가 함바 생활을 하기 시작했습니다. 현장을 보고 노천굴을 계속하는 것이 위험하다고 판단하고 갱도를 파서 채굴하기 시작했는데, 아무 것도 없었습니다. 두세 달 가량 2,000톤 정도 채굴하자 광상이 없어지고 말았습니다.

그 다음에 규석 광상 아래에 도자기 유약의 원료가 되는 장석 광상이 있어서 이것을 파기로 했지만, 여기도 규모가 작은 광상으로 500톤 정도밖에 채굴할 수 없었습니다. 결국 미네야마산에서는 1년 정도 함바 생활을 했습니다. 1979년경부터는 오사카시 나니와구浪速區에 본사를 둔 다이와흥산이라는 미네야마광산과 관계가 있었던 회사가 채굴하던 돗토리鳥取현 모치가세초用瀨町의 규석광산에서 1년 정도 일했습니다.

---

1 거정화강암이라고도 한다(역자주).
2 광상(鑛床)이란 광산 안의 광물이 많이 묻혀 있는 부분을 일컫는 말이다(역자주).

1981년부터 83년까지는 태어난 고향인 게이호쿠초에 돌아가 유게야마와 신오타니광산을 다시 열어 망간 채굴을 다시 시작했습니다. 두 광산의 경계를 둘러싸고 다툼이 있었던 탓에 마침 경계선 위에 있는 광상이 고스란히 남아 있었기 때문이었습니다. 다시 망간을 채굴하기 시작했던 것은 조선대학교에 입학한 여동생의 수업료를 벌기 위해서였습니다. 우리 가족이 단바 지방에서 최후의 망간광산 광부가 된 데에는 이런 이유가 있었습니다.

금 채굴에 도전하다

그 후에도 우리 일가족은 다시 한 번 광산과 인연을 맺었는데 여기에는 좀 황당한 이야기가 있습니다. 이야기의 발단은 1984년 폐광 상태였던 돗토리현의 고가모小鴨광산(현 구라요시광산)을 조사하면서였습니다. 여기는 금이 나오는 금산이라고 해서 금을 채굴하던 곳이었는데 이미 당시는 폐광 상태였습니다. 그런데도 저희들은 여기서 다시 금을 캘 수 있지 않을까 생각했던 것입니다. 시굴을 하려던 참에 히로시마대학의 소에다 添田晶 선생을 알게 되었습니다. 그 때 소에다 선생은 동력로 핵연료개발사업단(동연, 현재 핵연료사이클개발기구) 일로 이 광산에 와 있었습니다.

예전에 금산이라 불리며 채굴되었던 고가모광산은 1955년 일본에서 최초로 우라늄 광상이 발견된 장소이기도 합니다. 그런데 소에다 선생이 채굴한 시료에 금이 16그램, 은이 18그램 함유되었던 것을 알게 되었습니다. 당시 금은 1그램에 6,000엔이었습니다. 이 이야기를 듣고 저는 갑자기 채굴해봐야겠다는 욕심이 생겼고, 이것은 결국 잘못된 판단의 시작이었습니다. 망간으로 번 돈 3~4,000만 엔을 전부 쏟아 부었고 결국에는 1엔도 건지지 못했습니다. 완전 빈털터리가 되었지요.

더구나 이 광산은 말 그대로 무서운 산이었습니다. 이 산은 풍화된 화강암으로 만들어져서 지질에 찰기가 없어 산이 움직였습니다. 갱도에 나무틀을 넣어두어도 하룻밤 사이에 30센티미터나 움직인 적도 있었습니다. 코끼리가 올라타도 무너지지 않을 정도로 두께가 1척이나 하는 통나무를 틀에 넣어 갱도를 만들었습니다. 하지만 어느 날 그 통나무가 뚝뚝 잘리며 영화의 한 장면처럼 갱도가 주저앉기 시작했습니다. 그 때는 '이제 죽는구나'라고 생각했습니다. 그런 일이 있은 후, 나무 대신에 철근을 사용해 H모양의 철강을 넣었지만 이것도 떡처럼 휘고 말았습니다. 붕괴할지도 모른다는 두려움 속에서도 36미터 정도 파 들어갔지만 결국 한 조각의 금도 나오지 않았습니다.

저희 가족은 '일단은 목숨이 붙어 있어야 금도 있는 것이다'라고 생각하고 그 광산을 단념하고 철수했습니다. 그러고 보면 그 산에는 묘비도 많이 있었습니다.

이렇게 고가모광산에서의 채굴은 대실패로 끝났지만, 그 때(1984년) 저에게는 아내가 첫 딸을 임신하는 기쁜 일도 있었습니다. 제 아내는 일본사람입니다. 양가 부모님의 반대 속에서도 아내는 고가모광산 함바까지 따라와 주었고, 여기서 저희는 함께 살게 되었습니다. 고가모광산에서 철수해 게이호쿠초에 돌아와 큰 딸을 낳았습니다.

장녀가 태어난 다음 해부터는 광산 일을 접고 '단바망간기념관'을 만드는 일이 시작되어 지금에 이르고 있습니다.

왜 치안 단속의 대상이 되어야 하는가

간단히 제 반생을 돌아보았는데 이것만큼은 꼭 기록해두고 싶다고 생각되는 것이 있습니다. 재일조선인이 치안 단속의 대상으로 여겨지고 있다는 사실입니다. 지금도 여전히 함께 살아가는 지역 사회의 일원으로 봐주지 않는다는 것입니다. 아버지가 도일한지 80년 가까운 세월이 흘렀습니다. 우리들이 일본의 치안을 어지럽히는 나쁜 짓이라도 했던가요. 이 지역의 질서를 어지럽히는 비도덕적인 행동이라도 했던가요. 그런 것과 관계되는 그 어떤 짓도 하지 않았습니다. 80년 동안 이 지역 사회에서 살면서 분명, 인권을 외치고 '단바망간기념관'의 의의를 높이 평가해주는 분들도 많아졌지만, 전쟁 전부터 치안 단속의 대상이었던 재일조선인을 여전히 그렇게 식별하려하는 일본 사회의 기본적 태도에는 아무런 변화가 없습니다.

　제가 외국인등록증의 상시 휴대 의무를 잊어 겪었던 일은 상징적 사건이라고 할 수 있습니다. 검문에서 운전면허증 제시를 요구당하면 당연히 항상 주머니에 들어있는 운전면허증을 보여주는 것이 상례입니다. 그러나 제가 조선인이라는 것을 알면 검문하는 태도가 확 바뀝니다. '외국인등록증을 갖고 있습니까?'라고 묻고 만약 소지하고 있지 않다면 '경찰서까지 가자'며 '연행'해갑니다.

　상시 휴대 의무 위반이라는 명목으로 취조를 받게 되는데, 여러 가지 서류를 내야 합니다. 한 시간 정도라면 어지간히 참을 수 있지만 쉽게 돌려보내 주지 않습니다. '이제 다 되었지요?'라고 되물어도 쉽게 풀어주지 않습니다. 설교를 해대거나, 시말서를 쓰게 하거나, 정말 참을 수 없을 지경에 이릅니다. 왜 '직업'과 '가족 구성원'까지 필요 사항에 들어가는지 모르겠지만 이런 것까지 꼬치꼬치 심문을 당합니다.

지금까지 교토 시내에서 두 번 조사를 당했는데 모두 장시간 붙잡아 두고 풀어 주지 않았습니다. 이 분통함은 일본 사람이라면 알 수 없는 것입니다. 이런 부조리를 당해보지 못했을 것입니다. 화가 치밀어 오르는 것은 당연한 일입니다. 이런 부조리한 경험과 억울함이 제가 기념관을 지켜온 원동력이 되기도 했습니다.

쇠사슬을 끊고 기념관에 난입한 경찰차

치안 단속의 대상으로 조선인을 보는 눈은 '단바망간기념관'으로도 향했습니다. 개관한지 3년째가 되던 1992년경에 있었던 일입니다. 그 날 아버지와 제가 기념관 문을 잠그고 집으로 돌아갔었는데, 마침 볼 일이 생겨 다시 돌아와 보니 입구의 쇠사슬이 절단되어 있었습니다.

이상하게 여겨서 기념관 건물 가까이로 가보니 웬 경찰차가 있고 제복을 입은 경찰 2명이 서있는 것이었습니다. 저는 '무슨 일입니까? 쇠사슬을 끊고 들어와서는'이라고 물었더니 경찰은 '조사 중'이라는 답변으로 일관했습니다.

아무리 조사라고 해도 남의 땅에 쇠사슬까지 끊고 들어온다는 것은 납득되지 않는 일이었습니다. 제대로 법적인 절차를 밟아야 하는 것입니다. 법원이 발부하는 가택조사 영장과 같은 것 말입니다. 그 정도 상식은 저도 알고 있기 때문에 '어떻게 된 일입니까? 남의 땅에 이렇게 무단침입해도 되는 것입니까?'라고 항의했습니다. 그리고 경찰관 두 사람의 이름을 물었습니다. 그러자 '아뇨, 이제 됐습니다, 됐어요'라며 발뺌하며 제대로 상대해주지 않았습니다. 그리고는 나의 제재를 뿌리치고 경찰들은 경찰차를 타고 부지를 빠져나갔습니다.

이 사태를 납득할 수 없는 저는 게이호쿠초 경찰서까지 찾아가 '지금 무단으로 망간기념관에 들어왔던 경찰관을 불러달라'고 요구했습니다. 당연한 요구였습니다. 가택조사 영장을 갖고 있었더라면 그건 어쩔 수 없는 일이었는지 모르겠지만, 그런 것도 일절 제시하지 않은 채였기 때문입니다. 경찰한테서 반드시 전후 사정을 들어야겠다고 생각했습니다. 그러나 게이호쿠초 경찰서는 '그런 경찰관은 없다'는 말만 되풀이할 뿐이었습니다. 결말이 나지 않는 이야기였습니다. 나중에는 큰소리로 고함도 쳐보았지만 모른다는 대응으로 일관할 뿐이었습니다.

"단바망간기념관'이 치안 단속의 대상밖에 되지 않았던가'라는 생각을 지울 수 없었습니다. 정말 안타깝고 억울한 일이었습니다.

치안 단속의 실상을 여기 마지막으로 쓴 것은 최근 재일조선인의 인권 문제를 논할 때 이러한 실태가 간과되는 경우가 적지 않은 것 같다는 생각이 들어서입니다.

폐관을 결심하고

제1부 마지막 부분에 저의 폐관 결심에 대해서 쓰고자 합니다. '단바망간기념관'을 2009년 5월 31일부로 폐관하려고 합니다.

초대관장인 아버지 이정호가 6년, 2대 관장인 저, 이용식이 14년 운영해왔습니다만, 개관 후 20년 동안 교토부도, 게이호쿠초도, 교토시도 단 한 번도 운영 보조금을 지원해주려 한 적이 없었고, 결국, 재정적 위기에 직면하여 '인권네트'를 중심으로 한 많은 분들의 협력으로 많은 후원금을 받았다는 것은 앞서 설명해 드렸습니다. 그러나 연간 500만 엔의 만성적인 적자는 그 뒤에도 개선되지 못했고 회원이 늘어나지도 않았습니다. 매년, 특별전을 열어 방문객 증가를 도모하기도 했지만, 근본적인 재정 적자 문제를 극복할 수 없었습니다.

'폐관 해야겠다'고 마음먹을 때마다. 다시금 "'단바망간기념관'은 내 무덤이다'이라고 하셨던 아버지의 말씀이 뇌리를 떠나지 않아, '다시 한 번, 그래, 또 다시 한 번'이라고 다짐하며 이어왔습니다. 어머니는 계속 본인의 연금까지도 적자 보충을 위해 쓰셨습니다. 그렇지만 외부 건물의 노후화, 국도 9호선의 고속도로화로 '단바망간기념관' 앞의 162호선의 교통량이 감소했고, 인건비의 증가, 조선인 강제연행 문제에 대한 문제의식 또한 희박해지면서 방문자가 줄어, 앞으로 운영을 지속해가는 것이 무척 곤란해졌다고 판단해 2009년 5월 31일부로 일단 폐관하기로 결심했습니다.

폐관을 안타까워하는 목소리가 전국에서 전해져 오고 있어, 저 역시 재개하고자 하는 강한 마음이 들기도 하지만, 건물 보수에 억 단위의 금액이 필요한 사정 등을 생각해보면 간단한 일이 아닙니다. 본서를 출판하게 된 가장 큰 이유는 이제 문을 닫는 "단바망간기념관의 7300일"을 정리해보고 싶었기 때문입니다.

2부

나의 연구 노트

|1장|

재일조선인 차별로부터 해방을 향하여

들어가며

정부가 다문화를 이루는 노력과 관련 교육이 중요하다고 주장하는 시대가 되었고 21세기는 "인권의 세기"라고도 불리고 있습니다. 또한, 한국의 드라마 "겨울연가"가 일본에서는 "한류붐"을 일으키기도 했습니다. 이런 환경 속에서 재일조선인에 대한 차별이 마치 완전히 사라진 것처럼 지적하는 사람도 있습니다만, 저는 제 자신의 체험을 바탕으로 재일조선인의 현재의 모습을 써보고자 합니다. 본서 제1부와 달리 제2부에서는 저의 연구 기록이기 때문에, 많은 분들이 좀 더 편하게 읽을 수 있도록 '~입니다, ~했습니다'의 문체를 썼던 제1부와 달리 '~이다'라는 식의 어조로 쓰겠습니다. 또한 제1부와 달리 일본 원호를 쓰지 않고 서기만으로 표기한다는 점을 양해드립니다.

호적 차별

재일조선인은 일본에 호적이 없다. 그 대신 외국인등록법에 의해 관리되고 있다. 법률에 의해 호적부의 영구보관이 의무화된 호적과는 달리, 외국인등록법을 근거로 한 외국인등록원표는 개인 단위로 작성되며 본인이 사망한 뒤 50년이 경과하면 파기, 말소된다. 때문에, 일본에서 사망한 재일조선인은 사후 50년이 경과하면 일본에서 거주했었다는 역사가 말소, 소거되고 만다.

호적이 설명하기 복잡한 문제라서 여기서는 나의 가족을 예로 들어보기로 하겠다. 나의 아버지는 식민지 시대였던 조선의 경상남도 태생이므로 조선총독부가 편찬했던 조선호적을 계승한 한국의 호적(2008년 1월 1일부터는 '가족관계등록부' 제도로 변경)에 기재되어 있지 않다. 그러나 일본에서 결혼하여 한국에 신고를 하지 않았으므로 결혼 사실이 호적에는 기재되어 있지 않다. 그리고 내가 일본에서 태어난 것도 한국의 호적에는 기재되어 있지 않다.

그런 나에게 아이가 태어나고 또 손자가 태어난다. 이대로 방치해두면 일본은 아버지의 사망으로부터 50년 경과하면 아버지의 외국인등록원표를 전부 말소해버릴 것이다. 내 자식들이나 손자가 장래에 한국정부에 대해 여권 발행 등을 위해서 호적을 정리하고 한국적이라는 것을 확인하고자 한다면 한국정부는 일본의 외국인등록법의 정보를 신용하고 한국적을 부여하게 된다. 그러나 외국인등록원표가 파기되면 그것은 불가능해지는 것이다. 즉, 이 사람의 자식이 이 사람이라는 식으로 세대를 이을 수가 없게 된다.

그렇게 되면, 한국정부는 우리들 자손들에게 한국적을 부여할 수 없다. 즉, 내 자식이나 손자가 무국적자가 될 가능성이 있는 것이다. 그러므로 외국인등록원표를 영구 보관하든지, 이를 대체할 제도를 마련해야만 한다. 그렇게 하지 않으면 우리들 재일조선인이 지구에 존재했었다는 최소한의 기록조차도 말소되는 것이기 때문이다. 일본 정부는 납치, 강제연행해 온 자들의 자손들에 관한 최소한의 기록마저도 없애려 했다는 것으로 비판받을 수 있다.

취직 차별

2000년 오사카부 교육위원회의 조사에 따르면, 부립고등학교를 졸업해 4년제 대학에 진학한 외국적 학생(그 중 98퍼센트가 한국적과 조선적) 가운데, 실로 30퍼센트 이상이 취직활동 동안 차별을 받았다고 한다.(2000년 8월 26일 "마이니치신문") "이력서의 본적란을 보고 대응이 노골적으로 바뀌었고 고용되지 못했다", "돈을 만지는 일이니 제대로 된 가정에서 자란 사람을 구하고 있다는 말을 들었다", "'귀화'할 용의가 있는지에 대한 질문에 '없다'고 하니까 면접이 중단되었고 채용되지 못했다" 등등 악질적인 취직 차별이 끊이질 않고 있는 실정이다. 최근에는 불경기의 영향으로 재일조선인의 채용이 극심하게 적어지고 있다고 한다.

대기업의 문호는 개방되어 있지만, 아직도 극복되지 못하고 있는 재일조선인에 대한 차별의 결과, 이들의 취업은 대부분이 중소영세기업이나 자영업에 집중되는 경향이 강하다. 그 직종은 파칭코 등의 오락산업이나 상점 등 서비스업에 치우쳐 있다. 더구나 파칭코 등 오락산업에서는 극히 일부의 재일조선인만이 성공한 것에 지나지 않는다.

게이호쿠초에 사는 한 재일조선인 친구도 마을에서는 명석한 것으로 유명했고 간사이대학을 졸업했지만 취직을 희망했던 대기업으로부터 모두 취직 차별을 받아 결국에는 취직을 못해 고생하다가 자영업으로 생계를 잇고 있다. 그 친구는 '조선인은 아무리 좋은 대학을 나와도 벽이 있다'며 한탄했다.

공무원으로 취업할 수 있는 권리에 대해

전쟁 후 오랫동안 국가공무원은 물론이고 지자체 공무원이 되기 위한 시험 자격은 '일본 국적이 있는 자로 제한한다'라는 국적조항이 있었다. "국가 권력과 공권력 행사", "국가 의사와 공공 의사의 형성"에 관한 일에 종사하는 공무원이 되려면 일본 국적이 필요하다는 것은 "당연의 법리"라는 이유에서이다.

1970년대부터 재일조선인 차별 철폐를 요구하는 운동에 부응하는 형태로 교토, 오사카, 고베 지역과 수도권의 지방자치단체에서 행정직 수험 자격의 국적 조항이 철폐되어 갔다. 90년대에는 정령 지정 도시와 도도부현都道府県의 행정직의 국적 조항이 철폐되는 예가 꽤 있었다. 그러나 국적 조항은 일부 철폐된 곳도 있지만 과연 채용 실적은 어떤가.

예를 들어 인권 존중을 주창하는 교토부에서도 재일조선인의 행정직원 채용 실적은 제로다. 교토부 내에 거주하는 한국적, 조선적 인원수는 약 6만 명. 일본어 독해 능력이 없거나 일본어를 잘 하지 못하는 재일조선인 고령자도 많이 거주하고 있다. 이들 고령자들에게 행정적 서비스를 제공하고 행정 시책을 설명하려면 우리말을 할 수 있는 재일조선인 행정 직원이 대응하는 편이 보다 원활한 업무 수행에 도움이 될 것으로 생각된다.

교토부민 인구는 약 250만 명이고 교토부 행정 직원은 약 2만 명이다. 인구 비율을 따져 단순 환산을 해보면 행정 직원으로 100명 정도는 재일조선인을 채용해도 이상할 것이 없다. 가령 행정 직원으로 외국적자를 채용했다고 해도, 총무성의 통달에 따라, 납세나 인허가 업무는 하지 못한다는 제한이 있거나, 과장급 이상으로 승진할 수 없는 등의 제한이 있는 경우가 대부분이다.

또한, 교육 공무원의 경우, 일본 국적자가 교사로 임용되는 반면, 외국적자는 "상근강사"로 임용된다. 교육이라는 것에 의해 보장되는 신분이나 실제로 맡고 있는 업무 내용은 완전히 동일한데도 명칭 상으로는 "강사"고 또한 강사 취급을 받는다. 나아가 주임 이상으로는 갈 수 없는 등 승진 면에서도 차별을 받고 있다.

입시 차별

얼마 전까지만 해도 학교법인 조선학원이 운영하는 조선고등학교를 졸업하더라도 대학입학 자격검정시험(현재의 고등학교 졸업인정 시험)에 합격하지 않으면 국공립 대학교에 입학할 수 있는 수험 자격이 주어지지 않았다. 조선학교는 학교교육법 1조, 세칭 1조교로서 인정받지 못하고 있고 이른바 '각종학교' 취급을 받기 때문이다.

왜 1조교로 인정하지 않는가 하면, 수업 중에 사용하는 언어가 조선어라는 점, 일본의 검정 제도에 합격한 교과서를 사용하지 않는 점 등이 그 이유라고 한다.

과거 일본 정부는 미국계 학교나 한국계 학교를 1조교로 인정하려

했던 적이 있으나, 그렇다면 조선학교도 학교로 인정해야 한다는 운동이 일어났다. 조선학교를 1조교로 인정하고 싶지 않은 일본 정부는 최종적으로 미국계 학교와 한국계 학교도 1조교로 인정하지 않았다.

일본은 패전 후, 점령기인 1948년부터 1949년에 걸쳐 전국 600여 곳 이상에 재일조선인이 자주적으로 건립한 조선인학교를 GHQ(연합군최고사령부)의 지원 아래 관헌의 폭력으로 탄압하고 강제적으로 폐쇄시켰다. 이에 대항해 한신阪神[1]지역에서는 조선인들이 효고현청을 포위했고 GHQ는 점령 기간 중 유일하게 계엄령을 선포할 정도로 조선인 학교를 폐쇄하기 위해 철저한 탄압을 가했다. 이것이 "한신교육투쟁"으로 알려진 사건이다. 이렇게 재일조선인의 자주적인 교육 노력에 대해 일본 정부는 탄압과 차별을 가해왔는데 그 기본적인 사고는 반세기 이상이 경과한 지금도 변함이 없는 것이 아닌가 한다.

현재 조선학교 출신 학생을 대학 검정시험 없이 받아들일 것인지의 여부는 각 대학의 재량에 맡겨져 있다. 대부분의 대학교가 수험 자격을 부여하는 추세지만, 일부 대학에서는 지금도 수험 자격을 제한하고 있다.

조선학교에 대한 차별은 졸업자들의 대학 입학시험 제한에 그치지 않는다. 학교에 보조금을 지급하는 지자체의 보조금액은 지역마다 다른데, 대략 사립학교에 대한 보조금은 공립학교의 10분의 1밖에 지급하지 않고 있다. 따라서 사립학교의 수업료와 입학비는 공립학교에 비교하면 대단히 비싼 금액이다. 그러나 조선학교는 1조교조차로도 인정받지 못

---

1 오사카시와 고베시 일대의 지역을 지칭한다(역자주).

하고 있기 때문에, 보조금은 더욱 적어 100분의 1 정도밖에 되지 않는다. 도도부현에 따라 차이는 있으나, 한 달간 학생 1인당 1만 엔 전후의 학비가 필요한 것이다. 사립학교보다도 높은 금액으로 알려져 있다.

그러므로 보조금만으로 학교를 운영하는 것은 당연히 불가능 한 일이다. 내 동생은 조선대학교를 졸업한 뒤, 조선초중급학교의 교사가 되었는데, 월급이 매우 적을 뿐 아니라 월급을 받지 못할 때도 많아 3개월 이상 월급이 밀리기도 한다고 한다. 부부가 조선학교에서 가르치는 경우 생활이 곤궁해 아르바이트를 하지 않으면 생활을 할 수 없을 정도이다. 비싼 수업료를 지불하며 조선대학을 졸업했지만 일본 학교 교사로는 채용되지 않을뿐더러 조선학교의 교사가 되더라도 교육자로서는 생계를 이어가기가 힘들다는 것이다.

학생들의 학교생활에 있어서도 차별이 있다. 요즘 들어 겨우 조선학교 학생들도 전국체육대회 등에 출전할 수 있게 되었지만, 간접적인 차별은 여전히 남아 있어 그 사례를 열거해보고자 한다.

내 조카는 유도를 잘해서 전국에서도 상위 10위권에 들 정도의 실력이지만 원정 시합에 나가려면 교통비나 숙박비 등 일체를 전액 부모가 부담해야만 한다. 시합에서 계속 이겨 시합이 길어질 경우 숙박비 등을 내지 못하는 부모가 속출한다. 그러면 선수의 부모가 나서서 선수단에서 자식을 빼달라고 요청하게 되고, 심한 경우에는 부모가 자식에게 '시합에 져 달라'고 부탁하는 사례도 있다.

그러면 동급생과 선수 어머니들이 김치 등을 만들어 관계자들과 재일조선인 동포 기업을 돌아다니며 팔아, 원정비와 숙박비를 내지 못하는 부모 대신에 필요한 돈을 염출한다. 일본 정부와 지자체가 조선학교의 조선인 학생을 차별한 결과 지금도 이런 일이 벌어지고 있다. 완전한 교육 차별로서 교육 받을 권리에 대한 침해라고 하지 않을 수 없다.

지방 참정권 문제

우리 재일조선인을 비롯한 외국적 주민은 헌법상 보장되어 있는 권리로부터 배제되어 있으나, 납세를 비롯한 의무는 확실하게 요구받고 있다.

대부분의 일본 사람들은 재일조선인에게도 선거권이 있다고 생각하지만, 우리들은 선거 입후보는 물론이고 투표에 참가한 적도 없다. 투표에 필요한 엽서조차 본 적이 없다.

아버지는 광업을 해왔는데, 현재 기념관이 서있는 신오타니광산의 광업권을 취득하기 위해 산요전기가 백두광업이라는 회사를 만들었다는 것은 앞서 설명했다. 광업권에 국적조항이 있기 때문이다. 이밖에도 일본에서는 수많은 권리에 국적조항을 넣어 재일조선인을 차별하고 있다.

과거 독일인과 미국인이 '단바망간기념관'을 방문했을 때, 일본에서 재일조선인이 받는 차별에 대해 설명하자, 그들은 그 자리에서 그것은 차별이라고 잘라 말했다. 그들은 '권리가 없는데 의무만 있는 것은 납득할 수 없다. 의무가 있다면 권리도 있어야 하고 그것이 정당한 것이며, 더욱이 코리안들은 일본의 식민지 지배에 의해 일본에 살게 된 것인데 권리도 부여하지 않고 의무만을 요구하는 것은 공정하지 않다, 일본은 불공정한 국가다'라고 단언했다.

외국인등록증 문제

재일조선인은 외국인등록법에 근거해 16세 이상이 되면 외국인등록증('외등증')을 상시 휴대하고 제시해야 할 의무가 있다. 법률에 나온 문면 그대로 해석한다면, 잠시 목욕탕에 갈 때도 담배를 사러 집밖으로 나갈 때에도, 외국인등록증을 가지고 나가지 않으면 상시 휴대 의무를 위반하는 것이 된다.

재일조선인을 중심으로 한 특별영주자는 1993년까지, 그 밖의 외국인은 2000년까지 외국인 등록을 할 때 지문 날인이 의무화되어 있었다. 1980년대를 중심으로 펼쳐진 지문날인 거부 투쟁과 이 운동을 지원하는 일본인들의 운동에 의해, 외국인등록법에 의한 지문 날인 의무는 없어졌으나, 상시 휴대 의무는 지금도 남아 있어 재일조선인의 일상생활을 구속하고 있다. 내가 교토 시내에서 휴대하지 않고 있다는 이유로 경찰관의 조사를 받고 장시간에 걸쳐 경찰서까지 끌려가 취조를 받았던 일은 제1부 제7장에서 설명한대로이다.

외국인등록증의 본래 목적은 "외국인의 공정한 관리"이며 그 소재와 신분을 분명히 해두는 데에 있을 것이다. 그렇다면, 운전면허증을 제시한 시점에서 그 목적은 달성된 것이나 다름없다. 그럼에도 상시 휴대 의무 위반이라며 휴대하지 않은 자에 대해서는 다분히 의도적인 괴롭힘이라고밖에 할 수 없는 대응을 가한다.

재일조선인 중에서도 특별영주자가 아닌 사람들은 상시 휴대 의무를 위반할 경우, 형사 처분을 받아 1년 이하의 징역 혹은 20만 엔 이하의 벌금형을 받는다. 재일조선인의 경우는 90년대에 형사 처분에서 행정 처분으로 형벌의 수위가 낮아졌으나, 10만 엔 이하의 과태료가 부과되고 검찰 송치가 가능하다.

외국인등록증의 또 하나의 목적은 '불법체류' 외국인을 가려내 국외로 강제 송환하기 위한 것이다. 현재, 입국관리센터라는 이름으로 운영되는 외국인 수용소가 오사카, 이바라기茨城, 나가사키長崎의 세 곳에 설치되어 있는데, 과거에는 나가사키의 오무라大村수용소(현 오무라입국관리센터)만 있었는데, 일본 패전 후, 여기서 2만 명 이상의 조선인이 한국에 강제 송환되었다. 과거에는 7년 이상 징역형을 받으면 강제 퇴거의 요건이 충족되어 형무소에서 형기를 채운 뒤 출소하면 즉시 강제 송환되었다.

가령 억울하게 형무소에 갔더라도 외국까지 가서 원상회복 조치를 해주느냐 하면, 전혀 아무 조치도 없다. 7년 이상 징역형에는 외국인등록법 위반이나 출입국관리법 위반은 물론, 정치범도 포함되기 때문에, 재일조선인들은 언제 강제퇴거를 당할지도 모른다는 심리적 압박으로 일상생활 속에서도 스스로가 언동을 자제하는 결과를 낳는다. 외국인등록증과 관련된 이와 같은 사정들은 일본 언론도 거의 보도하지 않기 때문에, 대부분의 일본 사람들은 알지도 못하는 일이다.

스무 번 이상 입주 차별을 당하다

집을 빌리려하면 주민표[2]를 가져오라는 요구를 자주 듣는다. 재일조선인에게는 주민표가 없으니, 외국인등록법에 근거해 "외국인등록기재사항

---

2 한국의 주민등록표와 유사하다(역자주).

증명서(과거에는 외국인등록증명서)"라는 것을 교부받는다. 임대계약을 할 때 이 증명서를 제시하면 많은 경우 계약이 파기되어 버린다. 나는 5년 전에 형이 거주할 집을 빌리기 위해 부동산을 돌아다녔는데, 스무 번 이상이나 거절당했다. 하는 수 없이 일본인 이름을 빌려서 계약을 체결하고 집을 빌릴 수 있었다. 이런 경험은 많은 재일조선인이 당해온 일이다. 지방 행정이 입주 차별을 하지 않도록 통달을 보낸다고는 하지만 제대로 법을 정비해서, 입주차별을 하는 부동산 업자나 집주인을 처벌하는 법률을 제정할 필요가 있다고 생각한다. 그런 의미에서 차별을 금지하는 법률을 만드는 것이 중요하다고 생각한다.

또한 간접적인 차별도 있다. 재일조선인 중에 금방 집을 임차할 수 있었던 사람들도 있지만, 부동산은 처음부터 주인이 '외국인도 문제없음'이라고 나온 물건만 소개한다. 그러니 '조선인은 안 된다'는 직접적인 차별을 체험하지 않았을 뿐이다. 몇 건 보지도 않고 차별하지 않는 집주인이나 부동산을 만나게 되면 다행이지만, 나처럼 스무 번이나 거절당하게 되면 자신이 차별받고 있다는 사실을 진저리가 날 정도로 실감하게 되고, 일본인을 보는 시각도 쉽게 바뀌지 않는 하나의 원인이 된다.

국민연금, 장애연금 차별

1959년 4월에 공포된 국민연금법에 따라, 국민연금 제도가 같은 해 11월부터 시행되었다. 그런데 가입 요건에 국적조항의 제한이 있어 재일조선인은 부금을 붓는 것조차 허락되지 않았다. 1982년 1월 1일, 겨우 국민연금의 국적조항이 철폐되었는데, 그 시점에서 20세 이상이며 장애를 갖고 있는 자, 부금 지불 기간이 부족한 것으로 간주되는 35세 이상인 자는 연금 가입으로부터 제외되었다. 86년에 법률이 약간 개정되었지만, 여전히 그 시점에서 60세 이상을 넘는 자(1926년 4월 1일 이전에 출생한 자), 1982년 1월 1일 시점에 20세 이상이거나 이미 장애가 있던 자, 1982년부터 86년까지의 기간 동안 장애를 입은 자에 대한 연금 지급은 인정되지 않았다. 그러나 국민연금제도가 발족했을 때나 오키나와와 오가사와라제도小笠原諸島가 일본으로 복귀하던 때에는 경과 조치가 취해져 어떻게든 연금을 지급받도록 한다는 취지의 구제 조치가 있었다. 제도적 차별에 의해 연금에 가입할 수 없었던 재일조선인에 대해서도 마찬가지로 구제책으로서 경과 조치가 취해져야 마땅하지만 지금까지 아무런 조치가 없다. 일본은 재일조선인의 고령자에 대해, 국민연금법이 정하는 '모든 생활면에 대해 사회복지, 사회보장 및 공중위생의 향상 및 증진에 노력해야 한다'는 국가로서의 의무를 져버리고 계속된 차별을 하고 있다. 내가 아는 재일조선인 할아버지, 할머니들은 거의가 무연금 상태에서 노후를 보내고 있다.

국민연금법에 의거하면 노령연금 외에, 장애로 인한 소득의 상실과 감소를 보장하기 위한 장애연금이 있다. 그렇지만 앞서 서술한 것처럼 경과 조치가 취해지지 않아 1962년 1월 1일 이전에 태어난 재일조선인 장애인은 장애연금도 받지 못한다.

일본이 국민연금에서 국적조항을 철폐했던 것은 유엔이 제창한 '난민 지위에 관한 조약'을 비준한 것이 그 계기였다. 미국에 의한 베트남 침략으로 인해 괴뢰정부인 응우옌반티예우 정권이 붕괴하자 이 정권의

지지자들이 '보트피플' 즉, 난민이 되어 대량 일본에도 표착하였다. 베트남전쟁 특수에 의한 경제적 수혜를 입은 일본은 미국의 명령에 따라 난민을 수용하게 되었고, 난민조약에 비준하여, '사회보장상의 내외인 평등'이 중심 이념인 동 조약의 취지에 따라 국내법을 정비하는 차원에서 국민연금의 국적조항을 철폐했던 것이다.

그러나 그렇게 하면 이전부터 일본에 거주해온 최대 외국적자 집단인 재일조선인에게도 연금을 부여해야한다는 결론이 되므로, 개정 전에 수급권이 없었던 재일조선인을 제도로부터 배제하기 위해 국적조항 철폐의 효력이 과거로 소급되지 않도록 일부러 '부칙조항'을 정해 삽입했다. 미국의 통치 아래 있었던 오가사와라제도와 오키나와 사람들, 중국의 일본인 잔류 고아 등에 대해서 일본국은 무연금 상태를 방지하기 위한 조치를 취했다. 최근에는 북한 납치 피해자에 대해서도 특별 조치를 통해 연금을 지급하고 있다.

또한 이전에 학생 시절일 때에는 연금에 가입하는 것이 임의적인 것이어서 가입하지 않은 채로 장애를 입은 일본인들이 2002년 일본국을 상대로 '학생 무연금 소송'을 벌인 적이 있었다. 당시 후생성은 '무연금 장애자 전반에 대한 구제'라는 기치 아래 이 문제에 적극적으로 대응한 바가 있다. 그러나 20년이나 무연금 상태 철폐를 외쳤던 재일조선인에 대한 구제는 역시 실현되지 않았다. 이것은 누가 보아도 분명한 차별이다.

연금 차별 문제에 대해 마지막으로 한 가지 더 부언하자면, '전쟁 상병자 전몰자 유족 등 원호법'에 의거해 지급되는 장애연금에서의 차별이 있다. 즉, 전쟁 중에 군인, 군속으로 징병, 징용되어 전장에 끌려가 신체 장애자가 되어버린 재일조선인에 대한 차별이다. 일본 정부는 이들이 식민지 시대 이른바 '내지'의 호적부에 등록되어 있지 않다는 점과 1992년 일본국적이 박탈되어 외국적자가 되었다는 두 가지 점을 '이유'로 들어 원호법에 의한 장애연금 지급 대상으로부터 배제해오고 있다.

김주영 씨

내가 아는 김주영金珠榮 씨도 신체장애가 있는 재일한국인이다. 김주영 씨는 2000년 3월 교토지법에서 국가를 상대로 장애자 기초연금 지급과 위자료를 청구하는 소송을 제기하며 동료들과 투쟁해오고 있다. 국적을 이유로 국민연금제도에서 배제된 재일조선인 장애자에 의한 첫 집단 소송이었다. "일본에서 살았고 일본에서 죽게 될 것이다. 세금은 내는데 아무런 보장도 받지 못한다. 너무나 불합리하지 않은가".

　7명의 원고는 교토부에 거주하는 49세~65세의 동포들로 장애 정도 1~2급의 청각장애자들인데, 그 중 2명은 생활보호대상자이며 한 사람은 관련 시설에 의지해 생활하는 처지다. 3년이 넘는 재판에서 구두변론이 끝나는 결심 날인 2003년 3월 18일, 원고의 마지막 의견을 듣는 자리. "여기부터는 수화는 필요 없다. 내 목소리로 말하고 싶다". 김주영 씨의 수화를 통역자가 이렇게 통역했다. 그리고 법정 안에는 김주영 씨의 목소리가 퍼졌다. 굳이 재판관을 향해 자신의 육성으로 전하려 했던 이야기는 함께 살아온 재일조선인 무연금 장애자들의 모습이었다. 민족과 장애로 인한 이중의 차별. 취직도 결혼도 이룰 수 없는 소망으로 남았고 연금도 받을 수 없다. 정신이 병들고 만 사람들, 자살한 사람들……. 그리고 힘겹게 마지막 힘을 다해 이렇게 이야기를 맺었다. "차별을 없애주길 바란다".

판결은 원고 패소로 끝났다. 김주영 씨 말대로 일본에서 살고 일본에서 죽게 된다. 세금은 내고 있지만 아무런 보장도 없다. 재일조선인이라는 이유만으로 같은 신체장애자지만 차별을 받는다. 너무도 가혹한 차별이다. '이지메'³나 다름없다. 대신 생활보호비를 지급받는 사람도 있다고 해명하면서 일본을 옹호하려는 사람이 있는데, 생활보호와 연금은 그 의미가 전혀 다른 것이라는 것은 두말할 필요도 없다. 또한, 생활보호제도에 관해서 외국적자는 지급의 중단과 감액에 대해 이의 신청을 할 수 있는 권리가 없다. 일본인에 있어서 생활보호제도는 당연한 '권리'이지만, 재일조선인의 생활보호는 적용이 있더라도 어디까지나 '은혜'를 베풀어준다는 차원이다. 많은 재일조선인은 언제 중단될지 모르는 지급을 불안해하면서 생활하고 있다.

북한 납치 문제와 재일조선인 이지메

북한의 미사일 실험과 납치 문제가 불거진 뒤 재일조선인을 겨냥한 폭력사건과 강간사건이 있었다. 10년 전부터 현재까지 1,000건 넘는 사건이 일어났다고 한다. 요즘 길거리에서 치마저고리 입은 사람들의 모습을 본 적이 있는가. 거의 보지 못하게 되었다. 치마저고리 모습으로 일본인이

---

3 일본의 학교, 회사 등 집단에서 일어나는 일종의 사회현상으로 집단적인 따돌림 혹은 집단적인 괴롭힘을 의미한다(역자주).

활보하는 거리를 걸을 수 없게 되었다.

언론은 폭력 사건과 강간 사건으로 재일조선인 피해자가 나오고 있다는 사실을 단순히 개인적인 사건으로 취급하기는 해도 그 이상의 사회적인 차별이나 민족 차별의 문제로서 언급하지 않는다. 치마저고리를 입은 여성들이 피해자가 되고 있다고 보도하면 일본이 재일조선인을 차별한다고 비난받을 터이기 때문에 일부러 재일조선인의 사건으로 보도하지 않는다.

조선적 재일조선인은 북한 국적자가 아니다. '조선적'이란 식민지 시대에 등록되었던 '조선호적'에서 그대로 이어진 것으로 어느 한쪽의 국가의 국적을 취득하는 절차를 밟지 않은 사람들에게 일본 정부가 편의상 부여한 기호다.

그러나 많은 사람들은 식민지 시대에서 비롯되어 계속되고 있는 이러한 역사를 모르기 때문에, 북한의 행동에 대한 불만과 분노의 화살을 무고한 재일조선인들에게 겨눈다.

전쟁 중에 일본이 강제연행한 납치 피해자이자 그 민족의 자손인 재일조선인들이 지금 북한의 일본인 납치에 대한 보복의 대상이 되어 차별과 폭력, 강간의 피해자가 되고 있다.

과거 일본이 저지른 강제연행 등 식민지 피해에 대해 아무런 전후 처리를 하지 않았다는 사실이 북의 납치를 정당화하는 논리로 주장되기도 하는데, 그렇다면 이것은 복수의 연쇄라고 보아야 할까. 납치 문제를 해결하는 것과 강제연행을 비롯한 식민지 피해 문제를 해결하는 것은 불가분의 관계라고 나는 생각한다.

2장

가해의 역사를 직시하며

들어가며

일본이 저지른 가해의 역사를 전시하는 공립 박물관은 왜 없을까.

일본에는 약 6,500개나 되는 박물관, 기념관이 있으나, 공적 기관 혹은 일본 정부가 운영하는 국립 차원의 강제연행 박물관은 없다. 국가가 운영하는 일본군 성노예에 관한 박물관도 없다. 일본의 전쟁 포로가 되었던 외국인, 식민지였던 조선과 대만의 역사를 검증하는 일본 국영의 박물관도 없다. 가해를 기록한 공립, 국립 박물관이 전혀 없다. 기껏해야 양심적인 역사박물관의 한 코너에 전시되어 있는 것이 고작이다.

독일은 어떤가. 1,000 곳 이상의 박물관과 기념관이 독일인 스스로의 손으로 세워져 전범들은 독일인에 의해 심판되었고 교과서는 주변의 20개국과의 협의를 통해 출판되고 있다. 전후보상은 국적조항 없이 피해자 개인에게 지불되고, 또한 '유대인 학살은 적었다'라는 등의 발언을 하면 '국민선동죄'에 붙여진다. 일본에서는 일본의 침략을 정당화하는 발언이 빈번히 텔레비전 등의 공중파를 타고, '사죄나 피해자 구제는 국익이 되지 않는다'는 논조가 지금도 큰 목소리로 외쳐지고 있다. 전후 처리 문제에 등을 돌리지 않고 노력해온 독일이 유럽과 근린 국가로부터 높이 평가받고 있는 것과는 대조적이다.

오카 마사하루 기념 나가사키평화자료관

공립 박물관은 없으나 민간 박물관으로는 손꼽히는 곳이 몇 군데 있다. 2005년 11월에 개관한 '재일한인역사자료관'(도쿄), 사카이시堺市에 있는 '평화인권어린이센터', '교과서자료관'(2007년 4월 1일 개관, 교과서총합연구소로 이행), 전후 50년이 되던 해인 1995년에 개관한 나가사키의 '오카 마사하루 기념 나가사키평화자료관' 등이다. 다음은 내가 2년 전에 방문한 오카 마사하루 기념 나가사키평화자료관에 대해 소개하고자 한다.

오카 마사하루 기념 나가사키평화자료관에 등장하는 '오카 마사하루'란 오카 마사하루岡正治 씨를 가리킨다. 목사님이시고 나가사키시의회 의원직을 3기에 걸쳐 수행하기도 했다. 관서지방에서도 강연을 하신 적이 있다고 하는데, 개인적으로 그 강연을 들을 수 있는 기회를 갖지 못해 안타까울 뿐이다.

자료관 홈페이지는 오카 마사하루 씨에 관해 이렇게 소개하고 있다. "1960년대, 일찍이 대부분의 일본인이 언급조차 하지 않았던 '일본의 전쟁 책임, 가해 책임'의 문제와 관련해 활동하였고, 특히 원폭이 투하된 나가사키 땅에서 어둠에 묻혀 있던 '조선인 피폭자 문제'에 관해 자신이 대표를 맡았던 '나가사키, 재일조선인의 인권을 지키는 모임'을 통해 꾸준히 인터뷰 조사를 했고, 피폭을 당한 조선인이 '약 2만 명이며 그 중 약 1만 명이 사망'했다는 결론을 이끌어 내었습니다".

1994년 7월 돌아가신 오카 마사하루 씨의 유지를 계승해 1995년 10월 1일 자료관이 개관되었다. 홈페이지에는 '기획에서 운영까지 모든 것이 완전히 시민의 손에 의해 이루어지고 있으며, 기업과 행정으로부터의 보조 등은 일절 받지 않고 일관되게 자주성과 독립성을 지키고 있습니다'라고 쓰여 있는데, 자료관을 운영하는 사람들의 기개와 시민운동의 강한 힘을 느낀다.

2년 전에 오사카인권박물관의 문공휘文公輝 씨와 함께 오카 마사하루 기념 나가사키평화자료관에 갔다. 나가사키시의 오란다 언덕에 가까운 시가지에 있는 빌딩가 한 모퉁이에 자료관이 있었다. 안내서에 설립취지가 다음과 같이 쓰여 있었다.

"전쟁과 원자폭탄의 비참함을 영원히 가슴에 새기고 이를 잊어서는 안 되겠습니다. 그러나 비참한 결과를 가져온 원인이 잔학하기 이를 데 없는 일본의 아시아 침략에 있었다는 것도 분명히 인식해야 할 필요가 있습니다. 우리가 받은 고통의 깊이를 아는 것이 우리가 누군가에게 준 고통의 깊이를 아는 것으로 이어지지 않는다면 평화를 이루어 가는 것은 불가능할 것입니다".

평화를 이루는 것은 역사적 반성을 끝없이 반추하는 것이라고 이 취지문은 호소하고 있다. 그리고 "일본의 침략과 전쟁의 희생자가 된 외국인들은 전후 50년이 지나도 아무런 보상도 없이 방치되어 왔습니다. 가해의 역사를 은폐해왔기 때문입니다. 가해자가 피해자에게 사과도 보상도 하지 않는 무책임한 태도만큼 국제적인 신뢰를 깨는 행위는 없습니다. 핵무기 사용이 정당화된다면 또다시 사용될 우려가 있는 것과 마찬가지로 무책임한 태도가 용납된다면 또다시 전쟁이 일어날 우려가 있는 것입니다".

동 자료관이 일본의 가해 역사를 정면에서 다루고 있다는 점을 명확히 설명하고 있다.

일본의 가해 책임에 대해 문제제기를 하는 손수 만든 자료 전시를 볼 수 있다는 기대를 갖고 자료관을 둘러보았다.

조선인 피폭자 코너, 함바 코너, 일본의 침략과 조선편, 일본의 침략과 중국편, '대동아공영권'의 진실 코너, 황민화 · 황국신민화교육 코너, 중국인 강제연행 코너 등을 볼 수 있었다.

개설된 뒤 10년 이상의 역사를 새겨온 자료관을 둘러보며 느끼는 바가 많았다. 왜곡된 역사 인식을 바로잡는 것은 역사 연구, 언론 활동에만 국한되는 일은 아니다. 살아계실 때, 오카 선생은 지식만이 아니라, 참가하고 행동하는 것이 중요하다고 설파했었다. 그 유지를 계승한 동료들이기에 이 자료관을 오늘날까지 운영할 수 있었을 것이다. 나가사키를 방문하면 이 자료관에 들르는 사람들이 많다. 방문자에 의해 운영이 이루어지고 있다는 것도 사실일 것이다.

자료관에 근무하는 시바타紫田 씨에게 '일본인이 어떤 연유로 가해의 사실史實을 검증하는 자료관을 개설하게 되었는지' 물어보았다. 시바타 씨는 바로 '두 번 다시 이런 역사를 되풀이해서는 안 된다는 소망으로 관련 사료와 역사적 사진 등을 전시한 자료관을 만든 것이다. 가해의 역사를 남기는 것이 평화로 이어지는 일'이라고 대답했다. 같은 취지로 자료관을 만들고 운영해오는 나로서는 이 분들의 힘 있는 말에 연신 고개를 끄덕였다.

그리고 시바타 씨는 석탄 섬으로 알려져 있는 하시마端島(통칭 군함섬) 근처까지 배를 타고 안내해주는 호의를 베풀어주었다. 이 섬은 1939년 조선인 노동자가 광부로 집단 이주되기 시작했던 곳이다. 배를 빌려서 20분 정도 타고 가자, 지금까지 공부를 통해서 머릿속에 그려왔던 조선인 강제연행의 역사적 현장이 눈앞에 펼쳐졌다. 이 섬에서 헤엄쳐 도망한 조선인 노동자들도 있다고 한다. 해안까지 약 10킬로미터. 상어가 많다는 이 바다를 헤엄치려한 조선인들의 탈출을 위한 필사적인 각오는 강제노동이 얼마나 혹독한 것이었는지를 말해준다.

시바타 씨는 연금 생활자인데, 자료관으로부터 받는 수입은 없고 자료관의 건설도 자치체로부터 조성금을 받지 않는다고 한다. '단바망간기념관'과 정말로 비슷한 사정이다. 일본은 전쟁 동안 자신이 저지른 가해의 역사를 남기는 박물관에 대해서 일절 돈을 내지 않는다. 역사 검증까지 할 수 있었던 충실한 여행을 할 수 있었던 것에 대해 시바타 씨께 감사드린다.

한국 독립기념관을 방문하고

가해의 역사를 전시한 대표적 박물관으로서 오카 마사하루 기념 나가사키평화자료관을 소개했는데 이번에는 공부를 위해 견학해 본 해외의 박물관 일부를 소개하고자 한다. 일본의 침략적 사실을 어떻게 보고 있는

지 알고 싶어 해외의 몇몇 박물관을 방문했었다. 여기서는 2003년 방문한 한국 천안에 있는 독립기념관을 소개하겠다.

천안역에서 기념관까지 자동차로 약 20분 걸렸을까. 차에서 내려 정문을 지나면 거대한 조각상이 우뚝 서 있는 독립기념관이 보이는데, 여기까지 상당한 거리다. 눈보라가 치는 겨울날이어서 그런지 걸어가는 데 꽤나 멀게 느껴졌다.

정문에서 독립기념관 건물까지 이렇게 먼 이유를 경비하시는 분에게 물었다. 매년 여름 현직 대통령이 광복절(독립기념일인 8월 15일)에 이곳을 방문해 연설하는 국가적인 행사가 있어 많은 사람들이 모인다고 한다. 행사의 규모 때문에 큰 광장이 필요한 것이라고 한다.

기념관은 7개의 전시실로 구성되어 있다. 하루 만에 모두 돌기는 힘들다. 근대 민족운동관에서는 일본의 침략에 저항하여 농민들이 일으켰던 동학농민군의 백산봉기에 관한 기록화가 있다. 1894년에 발생한 봉기로 농민운동이 확산되는 시발점이 되었다. 일제침략관에서는 '고문체험실'이 있어 사람이 서 있는 채로 움직이지 못하게 하는 고문도 있는데 이틀, 사흘이 지나면 몸이 저려와 아무런 감각을 느끼지 못하게 되는 고문이라고 한다. 가장 놀라운 전시물이었다.

그 밖에도 3·1운동관에는 '3·1정신상'이라는 거대한 조각물이 있다. 3·1독립선언서는 한자를 많이 사용한 글인데 이 선언서말고도 영문독립선언서, 대한독립여자선언서가 있다는 것도 이 전시실을 통해 알게 되었다. 올 여름(2009년)에 다시 한 번 방문하고 싶다.

일본의 박물관에는 전쟁 기간 중의 일본군의 가해 행위가 남아 있지 않지만, 아시아의 여러 나라에는 그 기록이 많이 남아 있다. 일본은 대동아공영권 확립이라는 대의명분으로 '아시아를 구미열강의 침략으로부터 해방하기 위한 전쟁'을 했고 이를 뒷받침하는 증거로 '아시아 나라들은 일본에 감사하고 있다'고 주장하는 사람이 있는데, 진정으로 감사하고 있다면 왜 일본군의 가해 행위가 박물관에 많이 남아 있는가. 나는 2003년부터 2005년까지 아시아 각지의 박물관을 돌아볼 수 있는 기회가 있었다. 싱가포르, 태국, 말레이시아의 박물관에 가보았으나 '일본이 구미열강의 침략으로부터 아시아를 해방시켰다'는 증거는 찾아볼 수 없었다. 일본의 전쟁은 침략이었다는 것을 아시아의 박물관 방문을 통해서 나는 다시금 통감했다.

전쟁이 끝나도 일본에서 계속되는 것들

피해의 역사는 남기지만 가해의 역사는 전혀 남기려 하지 않는다. 이런 식의 태도가 일본의 침략을 받았던 국가들의 사람들에게는 어떻게 받아들여지고 있을까.

1945년 8월에 히로시마, 나가사키에 대한 원폭 투하는 두말 할 필요도 없는 인류에 대한 범죄이며 비전투원非戰鬪員, 즉 전쟁과 아무런 관계도 없는 시민의 생명을 앗아간 대학살로, 전쟁 범죄로 기억하지 않으면 안 된다. 히로시마평화기념자료관에 가보면 원폭이 뿜은 열로 인해 녹아버린 유리가 당시의 비참함을 말해주고 있다. 이 열에 인간이 그대로 방치되었다는 사실에 온 몸이 오싹해진다. 이 인류에 대한 범죄에 분노를 느끼지만, 동시에 아시아 태평양 지역에 대한 가해 사실도 직시해야 한다. 침략 전쟁의 결과로 인해 아무런 죄도 없는 히로시마, 나가사키 지역 사람들이 원폭으로 피해를 입고 귀중한 생명을 잃었던 것이다.

싱가포르의 센토사 섬의 전쟁 박물관을 보았는데, 전시의 마지막 부분에 원자폭탄의 사진이 걸려 있고 다음과 같은 설명이 붙어 있었다. "이 폭탄이 우리를 해방시켰다". 원폭의 비참함과 함께 식민지, 점령지가 해방되었다는 사실은 원폭에 의한 피해뿐 아니라, 전쟁 전의 일본에 의한 침략과 가해 사실을 일본은 함께 생각해 가야 함에도, 일본 내에서 이런 지적은 거의 힘을 얻지 못한다.

인류에 대한 범죄를 되풀이해서는 안 될 것이다. 그런 이유 때문에 핵 폐기 운동이 더욱 절실히 필요하다. 2009년 4월 미국 오바마 대통령이 핵 폐기의 필요성을 호소한 것은 오랫동안 이 운동을 해 온 사람들이 인류를 위한 선견지명을 갖고 노력해왔다는 것을 보여주는 것이다. 핵 폐기와 동시에 일본의 가해 사실을 추궁하여 두 번 다시 이러한 과오를 되풀이 하지 않도록 하는 역사관을 키우는 것 또한 중요하다.

전쟁박물관은 왜 만드는가. 인간은 같은 과오를 되풀이한다. 지금도 전쟁은 세계 어느 곳에선가 벌어지고 있다. 인류의 역사가 시작된 이래 단 한 번도 전쟁이 없었던 시기는 없었다. 그래서 이전의 전쟁을 박물화해 같은 잘못을 되풀이 하지 않도록 전쟁박물관을 만드는 것이다. 전쟁을 되풀이 하지 않기 위해서는 '이전의 전쟁이 왜 일어났는가, 전쟁을 일으킨 것은 누구인가. 시대 배경은 어떠했는가, 전쟁을 일으킨 자들에 대해 어떤 처벌을 하였는가, 어떻게 전후 처리가 이루어졌는가, 피해자 구제는 되었는가' 등 반성해야 할 것들이 아주 많을 것이다. 그러나 일본은 얼마나 충분한 노력을 기울이고 있는가.

　일본은 도조 히데키東条英機 내각의 관료이기도 했던 기시 노부스케岸信介 전 수상을 비롯한 전쟁 범죄로부터 구제된 자들이 정계에 복귀해 전후 자민당의 주류파를 형성했다. 독일로 친다면, 히틀러의 측근인 괴벨스나 히믈러와 같은 인물들이 정계의 중추적인 역할을 맡게 된 것이다. 아소 다로麻生太郎 수상의 조부가 운영하던 회사도 아소광업이라는 광산 회사였는데, 1만 명에서 1만 5,000명이나 되는 조선인들을 강제연행했다. 아베 신조安倍晋三 전 수상은 기시 노부스케 전 수상의 손자인데, 전범이었던 자의 손자가 정계의 중심에서 활약하고 있으니, 전후처리 문제가 제대로 다뤄지지 않는 것은 당연한 일이다. 전후처리를 통해 피해자들을 구제하려면 배상 문제와 더불어 책임 문제도 자연히 따라 부각된다. 그 책임을 추궁하면 일왕을 포함해 아베 신조 전 수상이나 아소 다로 수상의 선조(부친 및 조부)도 이를 피할 수 없게 된다. 자신들이 전쟁 책임을 추궁당하는 자들의 자손이 된다는 것인데, 그들이 전쟁 책임을 끝까지 추궁해 전범을 심판하자는 태도를 취할 수 있겠는가. 전쟁 책임, 전범이라는 의식이 없기 때문에 그들에게는 반성도 없다. 반성이 없으면 피해자 구제도 할 수 없다. 아시아 여러 나라들로부터 비난이 쏟아지면 오히려 그들은 당돌한 태도를 취한다. 이런 도식을 60년 이상이나 되풀이하고 있는 것이다.

독일과 일본의 전후보상, 전후처리 - 기업

제2장을 마무리하면서 전후 보상과 전후 처리에 관해 독일과 일본을 간략하게 비교해보고자 한다.

일본과 독일은 두 나라가 놓여있는 국제 정세의 차이가 있어 단순 비교할 수 없다고 주장하는 사람이 있으나, 납치, 강제연행, 대량학살과 같은 전쟁범죄는 유사했기 때문에 전쟁 범죄를 다루었던 뉘른베르크, 도쿄의 국제법정이 열렸던 것이다. 그러한 유사성에도 불구하고, 독일은 전후 보상과 피해자 구제를 실행에 옮겨 이웃 국가들과의 화해에 성공했다는 사실을 어떻게 보면 좋겠는가. 일본에서는 피해자 구제에 대해 '시효가 다 됐다'(제척기간)며 피해자들을 문전박대하고 전후 처리를 애매하게 덮어왔다. 전후 처리 문제를 해결하지 못한 채 미지불 임금 문제 등도 남아 있는데, 이는 아시아 여러 나라로부터 신뢰를 받지 못하는 큰 요인이다.

언론은 나치 범죄와 비교할 수 없다는 논조를 피력하는데, 세계적으로는 전시 중에 일본과 독일이 자행한 행위는 유사한 것으로 보고 있는 것이 이미 공통된 시각이 아닌가. 전후처리와 근린국과의 화해 방식 등과 관련해 참고가 될 만한 독일의 사례는 많다.

기업 차원의 전후처리를 보면, 독일의 기업은 나치스의 지배 아래 강제 노동에 시달렸던 시민들을 위해 6,400개의 회사가 배상 기금을 창설했는데, 배상 기금은 100억 마르크 규모로 정부가 50퍼센트, 기업이 50퍼센트를 부담하고 있다. 이 기금은 이미 162만 명의 피해자에 대해 약 42억 유로의 배상금을 지불 완료한 상태라고 한다. 반면, 일본에서는 재판에서 패소한 기업이 겨우 몇 건에 대해 지불한 것에 지나지 않는다.

'시효'라는 문전박대는 정당한가

여기서 '시효' 문제를 좀 더 다뤄보려 한다. 일본의 법원은 전후보상으로서 개인에 대한 보상에 대해 불법행위로부터 20년이 지났으므로 배상청구권이 없어졌다고 주장한다. 그러나 전쟁배상에는 시효가 없다는 것이 세계적인 상식임에도, 일본에서만은 1945년~1965년 기간시효를 성립시키고 있다. 중국인이 일본 방문이 가능해진 것이 언제인가. '중화인민공화국공민출입경관리법'이라는 법률이 시행된 1986년 2월 1일 이후에나 중국인은 일본에 올 수 있었다. 아시아 각국에서 일본 도항 허가가 나오게 된 것은 언제인가. 1970년대 이후이다. 20년의 시효가 성립된 이후에서야 일본의 법원에 호소할 수밖에 없는 현실이다.

　메이지헌법에는 국가 배상에 관한 규정이 없고, 국가의 권력 작용에 관해 민사상 배상 책임을 지지 않는다는 조항도 명문화되어 있지 않다. 일본의 법원은 전후 보상 재판에 있어 지금까지 '국가무답책國家無答責'이라는 법률 해석으로 주장하며 대응해왔다. 전쟁 후 60건이 제소되었는데 59건까지 원고(피해자측)가 패소하였다. 제소된 배상액 전부를 지불해도 전투기 한 대 값도 되지 않는다고 한다. 미국은 일본과 같은 자세를 고집하지 않았다. 미국은 제2차 세계대전 중 미국 시민을 포함해 12만 명의 일계인日系人[1]을 강제 수용소에 억류했는데, 전후 43년이 지난 시점에서

---

1 일본에서 외국으로 이민한 해외거주 일본인과 그 자손을 말한다(역자주).

'1988년 시민자유법'을 제정해 일계인에게 사죄함과 동시에 1인당 2만 달러의 보상책을 시행했다. 캐나다와 영국에서도 일본군의 포로가 된 전 병사들에 대해 정부에 의한 보상이 이루어졌다.

일본 정부가 치러야 하는 재일조선인과 한국인(국교가 수립되지 않은 북한과의 배상 문제는 아직 청산되지 않았음은 두말할 나위 없다), 중국인, 아시아 사람들에 대한 배상 의무는 아직 해결되지 않은 채로 남아 있다.

전쟁 범죄자에 대한 소추와 처벌

독일 정부는 '나치스 범죄자 추적 센터'를 설치하고 10만 명에 대해 범죄 여부를 조사하였고, 10명을 사형에 처하고 종신형 163명을 포함해 6,000명 이상에게 유죄 판결을 내렸다.

일본의 도쿄재판에 해당하는 뉘른베르크 법정에 이어 독일은 자신들의 손으로 나치스 범죄를 추적해왔다는 것을 기억해야 한다. 전쟁 범죄에 대한 추적은 영원히 계속되는 것으로 여겨지고 있다. 예컨대 지금도 빵집 주인 아저씨가 나치스 간부였다는 것이 밝혀지게 되면 전쟁 범죄를 추궁당하게 된다.

일본은 어떤가. 도쿄재판에서 전쟁 범죄자들이 심판을 받았다. 그 이후 일본인은 전쟁 범죄자를 단 한 명도 심판한 적이 없다.

도쿄재판에 대한 비판 의견이 있다. 전승국이 패전국을 심판하는 것은 부당하다는 주장이다. 그러나 만약 지금이라도 도쿄재판을 다시 열어 과거를 직시하고 '전쟁 범죄자 처벌법' 같은 것이 탄생한다면, 독일과 비교해도 틀림없이 적지 않은 일본인 전범자가 심판받게 될 것이라고 생각한다. 법률은 소급성이 없으므로 새로운 법률로 전쟁범죄자를 재판하는 것은 어려울 것이다. 그러므로 과거에 독일과 같은 대응을 하지 않았다는 것은 일본의 결정적인 '부'의 유산이 되었고 21세기까지 넘어온 일본의 과제이다.

일본은 도쿄재판을 수용함으로써 샌프란시스코강화조약을 체결하여 연합국 지배로부터 벗어나 국제무대에 다시 데뷔하였다. 도쿄재판을 부정하는 것은 일본의 전후 시대의 출발을 부정하는 것이 된다.

사죄

독일에서는 과거 역사를 가슴에 새기고 피해자에게 사죄하는 것은 국시이며 외교정책의 근간으로 여겨지고 있다. 독일의 영광스러웠던 과거의 사건들과 위대한 인물을 자랑스럽게 생각한다면 부의 유산도 그 자손이 계승해 책임을 지는 것이 당연하다는 인식이 널리 퍼져있다.

독일의 수상, 대통령, 외교부 장관이 아우슈비츠 수용소 유적이나 예루살렘의 홀로코스트 박물관을 방문하여 그 때마다 희생자를 추모하고 사죄를 표현하는 것은 상식이 되어 있다.

1989년 본에서 브란트 전 수상은 역사 인식에 대해 이런 발언을 한 적이 있다. "자국의 과거에 대해 비판적 자세를 가지면 가질수록 주변국과의 우호관계가 깊어질 수 있다. 젊은 사람들도 역사의 흐름에서 벗어날 수 없다. 독일 역사의 어두운 부분에 대해서도 배우지 않으면 안 된다".

독일에서는 역사 문제에 관해서는 철저히 사죄한다. 인도적, 도의적

책임감이 근저에 있기 때문이다. 사죄가 국익으로 이어진다는 논리적인 판단이 여기에 있다. 일본에서는 어떤가. 정치가들은 아무렇지도 않게 역사를 왜곡한다. 그것도 계속 반복하기 때문에 놀라울 뿐이다. 일본 정치가들의 발언을 정리해 보았다. (한국의 독립기념관전시 판넬 등을 참조)

■ 20세기(1985년 이후)

▼1986년 9월 후지오 마사유키藤尾正行 문부성 장관: ('한국합병'에 관해서는) 한국측에도 어느 정도 책임이 있다. ▼1988년 5월 오쿠노 세이스케奧野誠亮 국토성 장관: (중일전쟁에 있어서) 일본에게는 침략 의도가 없었다. ▼1994년 5월 미즈노 시게토水野茂門 법무성 장관: 남경학살은 조작된 주장이다. ▼1994년 8월 사쿠라이 신桜井新 환경성 장관: (태평양전쟁에서 일본은) 침략전쟁을 하려는 생각으로 싸웠던 것이 아니다. ▼1994년 10월 하시모토 류타로橋本龍太郎 통산성 장관: 전쟁을 한 것은 사실이나 침략전쟁이라고 말할 수 있는지 의문이 남는다. ▼1994년 12월 무라야마 도미이치村山富一 수상: 개인 보상은 할 수 없다. 종군위안부는 국제법 위반이 아니다. ▼1995년 6월 와타나베 미치오渡辺美智雄 부수상: 한일조약은 원만하게 체결되었다. ▼1995년 8월 시마무라요 시노부島村宜伸 문부성 장관: 침략 전쟁인지 아닌지는 어떻게 생각하느냐에 달려 있는 문제이다. ▼1995년 10월 무라야마 도미이치 수상: 한일합병 조약은 법적으로 유효하게 체결되었다. ▼1995년 11월 에토 다카미江藤隆美 총무성 장관: 식민지시대에 일본은 한국에 좋은 일도 했다. ▼1996년 6월 오쿠노 세이스케 법무성 장관: 위안부는 (스스로) 참가한 사람들로 강제성은 없었다. ▼1996년 9월 와타누키 다미스케綿貫民輔 건설성 장관: 종군간호부는 있었으나 군대위안부는 없었다. ▼1997년 1월 가지야마세이로쿠梶山静六 관방장관: 당시 공창제도는 당연한 것이었다. 일부는 강제연행된 경우도 있

단바망간기념관 갱도에서 망간 광맥에 대해 설명하는 저자(2009년 4월 촬영)

다. ▼1997년 11월 니시무라 신고西村真悟 신신당 중의원 의원: 중학생에
게 종군위안부에 대해 가르치는 것은 문제가 있지 않은가. ▼1998년 7월
나카가와 이치中川昭一 농수성 장관: 종군위안부 강제연행이 있었는지 어
떤지 알 수 없다. 교과서에 기재하는 것도 문제. ▼1998년 8월 나카가
와 쇼이치 농수성 장관: 강제연행이 확실하지 않기 때문에 교과서에 싣는
것은 부당하다.

■21세기
▼2003년 5월 아소 다로麻生太郎 자민당 정조회장: 창씨개명은 원래
(조선인이) 성을 달라고 해서 시작되었다. ▼2003년 7월 에토 다카미
총무청 장관: 한일합병은 양국이 조인하고 유엔이 무조건 승인했다,
남경학살은 조작이다. ▼2003년 10월 이시하라 신타로石原慎太郎 도쿄

도지사: 한일합병은 무력으로 침략한 것이 아니다. 굳이 따지자면 그들(조선인) 선조의 책임이다. ▼2005년 4월 마치무라 노부다카町村信孝 외무성 장관: 일본의 전쟁범죄는 나치스 독일의 전쟁 범죄와는 달라 훨씬 가볍다.

마치무라의 발언은 나치스 독일의 유태인 대학살과 일본의 침략에는 '(피해를 입은) 사람 수에 차이가 있다', '독일에서는 전부 나치스 탓으로 할 수 있었다'라는 등 일본과 비교할 수 없다는 취지의 발언이다.

사죄를 어떻게 볼 것인가

1972년 중일국교회복 당시 발표된 중일공동선언을 보면 '일본국은 과거에 있어 일본국이 전쟁을 통해 중국 국민에게 중대한 손해를 끼친 것에 대해 책임을 느끼고 깊이 반성한다'라는 구절이 들어 있다. 실로 전후 27년이 흘러서야 일본은 '깊이 반성한다'라는 말을 한 것이다. 샌프란시스코강화조약에서도 한일조약에서도 일본은 '반성한다'는 발언을 한 적이 없다.

1991년 1월 미야자와 기이치宮沢喜一 수상은 한국을 방문했을 때, '일본은 과거에 있어 우리나라가 중국과 한국을 포함한 아시아 여러 국가에게 다대한 고통과 손해를 준 것에 대해 깊이 반성하고 그러한 일이 다시 되풀이되어서는 안 된다는 반성 위에 평화국가로서의 길을 걸어왔다. 일본군 성노예 문제는 매우 가슴이 아픈 일이다'라고 사죄했다. 그러나 같은 해 3월 21일 참의원 예산위원회에서는 '나라와 나라 사이의 관계에 있어서는 해결이 완료되었다. 개인과의 관계에 관해서는 소송의 결과를 지켜보고자 한다'라는 정도의 답변에 멈췄다.

전후 40년 이상 경과되어 처음으로 사죄의 뜻을 담은 말을 했지만, '소송의 결과를 지켜보려 한다'라는 것은 단순히 피해자가 고령이 되어 죽는 것을 기다리는 것뿐이 아니겠는가. 정치가의 사죄에 관해 더 살펴보면, 1993년의 호소카와 모리히로細川護熙 수상이 '나는 이전의 전쟁은 침략전쟁이라고 생각한다'라고 발언한 바 있다. 무라야마 내각은 사죄는 했으나, '위안부에 대해 개인 보상은 할 수 없다'며 보상을 거부했다.

전후보상은 끝났다고 생각하는 평론가들은 '언제까지 사과할거냐'라며 비판하면서 사죄를 하면 '저자세다', '국익에 도움이 되지 않는다'며 이를 강하게 비판한다. 그러나 피해자를 구제하지 않는 것이 어째서 '국익에 도움이 된다'는 것인가. 해당국과의 양국 간 조약으로 전후보상 문제가 피해국 스스로가 대응하도록 개발추진과 사회자본을 위해 거액의 자금을 차관으로 제공해서 해결했다고 하는데, 개인의 손해배상청구권은 존속하고 있다. 그렇다고 구제의 길이 열렸는가 하면, 소송을 제기하면 거의가 '제소 사실은 시효가 다 했다'라며 들어가기도 전에 쫓아내는 꼴이다.

분명 법률상에서의 시효는 있다. 그러나 형식적인 법률 논의로 이 문제를 정리해 버리고 전후보상 문제를 완료했다고 주장해서는 아시아 태평양 국가의 피해자들의 고통은 치유되지 않을 것이고 그들이 일본이라는 나라에 '존경하는 나라'라는 인식을 갖기를 기대할 수도 없다. 이 점을 일본은 잘 생각해볼 필요가 있다.

교과서와 교육

독일의 교과서는 자세한 해설과 풍부한 사진으로 나치스 독일의 전쟁 범죄에 관해 이해를 돕고 있다. 특히 독일인이 가해자였다는 것이 강조되고 있다는 것이 특징이다.

예를 들어 "과거로의 여정"이라는 교과서에서는 나치스 시대의 역사와 그 밖의 역사의 비율을 1대 1로 편집하고 있는데, 나치스의 대두부터 패전까지를 72쪽이나 할애하고 있다.

과거 침략을 당한 나라의 입장에서는 교과서 내용에 독일인이 전쟁을 미화하거나 그 비참함을 완곡하게 표현하고 있느냐 여부는 실로 중요한 문제이다.

일본에서는 이에나가 사부로家永三郎 씨가 집필한 고교용 일본사 교과서, 『신일본사』(삼성당 출판)가 1963년도의 교과서 검증에서 전쟁을 지나치게 어둡게 묘사했다는 등의 이유로 불합격 처리되어 결국 법정을 무대로 일본의 교과서 검열 문제로 번졌고, 1차 소송부터 대법원 판결까지 32년이나 소요되었다. 기네스북에 '가장 긴 민사소송'으로 기록될 정도였는데, 이에나가 재판 이후 출판사들은 정부에 대해 교과서 검정과 관련한 문제 제기를 하지 않게 되었다.

'새로운 교과서를 만드는 모임'의 비판 등으로 인해, 일본군 성노예 문제에 관한 내용을 다루고 있는 중학교 교과서 출판사는 한 곳에 불과하다. 이에나가 재판의 영향으로 인한 교과서 출판사들의 소극적 자세(의도적으로 후퇴당한 자세)는 지금도 일본 교과서 내용에 어두운 그림자를 드리우고 있다.

역사 왜곡을 밝힌다

다나카 사카이의 『망간 파라다이스』 제3장 비판

들어가며

이 장은 인터넷뉴스로 잘 알려진 다나카 사카이田中宇 씨(전 교도통신사 교
토지국 기자)가 저술한 『망간 파라다이스: 광산에 사는 조선인들』(풍모사,
1995년 9월)에 대한 비판이다. 다나카 씨는 저서에서 한국(당시는 조선) 어
느 마을의 조선인들이 망간광산으로 송출되던 노동 이주의 실태를 "객
지로의 돈벌이"라고 표현했다. 나는 이러한 표현에 의문을 품고 두 차
례 현지 조사에 나섰다. 그 결과 '돈벌이'라는 규정은 역사적 사실을 왜
곡한 것으로, 현지에서 다나카 씨 스스로가 인터뷰 조사를 통해 들었던
진폐증 사망자 미망인의 증언, 마을에 남아있는 강제연행의 사실, 일본
의 침략 행위 등 '부負'의 역사적 사실을 위 저서는 전하지 않았다는 것
을 알게 되었다. 다나카 사카이 씨의 논고에 대한 비판이 이 장의 목적
이다.

'부'의 역사를 왜 언급하지 않는가

왜 다나카 씨는 역사의 '부'에 해당하는 부분을 전하지 않았는지 알 수 없으나, 나로서는 글 쓰는 것을 전문으로 하는 다나카 씨와 같은 사람을 상대로 '내용에 이상한 점이 있다'고 반론하는 것은 대단히 어려운 작업이었다. 다나카 씨의 문장 구성 능력은 실로 대단하다고밖에 할 수 없다. 그가 쓴 글과 그 구성을 보면 마을에서 취재한 사람 중에는 '부'의 역사를 증언한 사람이 없는 것으로 이해된다. 왜 그렇게까지 해서 '돈벌이 마을'로 역사를 해석했을까. 다나카 사카이 씨는 '다나카 사카이의 국제뉴스해설(http://tanakanews.com)'이라는 메일 매거진으로 저널리즘 세계에서는 높은 평가를 받고 있다고 한다. 그렇게 고명한 저널리스트가 왜 '부'의 역사를 언급하지 않았는지 직접 묻고 싶었다.

나는 그에게 반론하기 위해 이 10년 동안 남북한과 일본의 문제, 재일조선인 문제, 전후보상 문제의 연구에 매달려왔다. 비판해야할 사실史實을 입증하지 못한다면 '단바망간기념관'도 폐관할 수밖에 없겠다는 생각까지 하며 열심히 공부했다. 그 정도로 다나카 씨에 대한 올바른 비판 작업은 나의 가장 큰 숙제 중 하나였다고도 할 수 있다. 한 사람의 고명한 저널리스트가 쓴 책의 사소한 일부분에 지나지 않을지도 모르나, 결코 간과할 수 있는 문제가 아니었다. '단바망간기념관'을 설립한 의의와도 무관하지 않기 때문이다.

역사 전문가도 아닌 내가 다나카 씨의 저서를 검증하는 작업 자체가 나로서는 최대의 역사연구가 되었다는 것은 아이러니다.

'조선적' 재일조선인의 '시민권'

검증을 시작하기 전에 다음과 같은 비판에 대해 답해야할 것 같다.

'다나카 씨가 쓴 책에 대해 의문이 있거나 그 역사관을 비판하고 싶으면 한국에서의 인터뷰 조사 때 동행할 것이지 그렇게 하지 않고서 나중에 이러쿵저러쿵 말하는 것은 좀 이상하다'는 지적이 있다.

이 지적은 나름대로 설득력이 있다. 우선 역사 검증을 하기 전에 당사자로서 해야만 하는 일을 소홀히 하지 않았느냐는 지적이다. 단 이 지적에는 역사에 대해 말하기도 전에 입구 단계에서부터 비판할 자격을 따져 묻는 뉘앙스가 있다. 그러나 비판으로서 제시된 것이라면 대답하지 않으면 안 될 것이다.

다나카 씨가 한국 방문 조사를 착수한 것은 1993년 3월의 일이었다. 당시 나는 '조선적' 재일조선인이었다. 이 책 2부 1장에서 재일조선인의 권리 문제에 대해 설명하면서 '조선적'의 권리 문제는 쓰지 않았으나, '조선적'을 가진 사람이 한국에 간다는 것이 당시에는 간단한 일이 아니었다. 주일한국대사관(오사카에서는 영사관)에서 성묘를 가기 위해 고향 방문을 한다는 것으로 임시여행증명서를 만들어 받아야만 한다. 한번 방한하면 한국영사관은 '한국적'으로의 교체를 종용한다. '조선적'으로는 가고 싶은 때 한국에 갈 수 없다. 또한 당시 한국은 문민정권이 아니라 노태우 대통령 시기였기도 했다. 그러한 여러 제약으로 인해 단념할 수밖에 없었던 것이다.

'돈벌이' 증언으로 시작하는 3장

『망간 파라다이스』는 모두 7장으로 구성되어 있는데 내가 문제제기를 하고자 하는 부분은 제3장 '돈벌이 나간 마을'에 관해서다.

다나카 씨가 방한 조사를 하게 된 계기는 교토시에 거주하는 재일한 국인 이달기李達基 씨에게서 '한국 경상남도 마을에는 가케하시掛橋광산 에 돈 벌러 왔던 사람들이 지금도 살고 있다'(119쪽)는 말을 듣고서다.

가케하시광산은 앞서 1부 4장 '아버지와 길을 떠나다: 조선인 강제 연행과 망간광산'에서 소개한 유종수 씨(가명)가 강제연행되었던 곳으로, 많은 조선인들이 있었다고 증언한 광산이다. 아버지는 가케하시광산에 서 일한 적은 없다.

이 마을은 경상남도 보양군 대곡면에 있다. 통역과 비디오 촬영가, 교토 거주의 사진가도 동행했다.

다나카 씨는 아마도 그 때가 첫 한국 방문이었던 것 같다. 일식당이 있다는 것과 일본의 「마이니치신문」과 똑같은 제목의 지방지가 있다는 것에 놀라워했다. 한국에서는 일본의 이미지가 나쁠 것이라는 선입견을 갖고 있었는데 한국에 와서 그러한 인식이 바뀌어갔다고 기록하고 있다.

대곡면에서 최초로 가케하시광산에 갔었다는 사람은 이달기 씨의 아버지, 이병견李丙見 씨로 1921년경 일본에 건너가 성공했다고 기술되 어 있다(123쪽). 그리고 이 성공담을 들은 같은 고향 사람들이 일본에 건 너가 망간광산에서 일했다고 쓰여 있다.

가케하시광산의 광업권은 마츠시타산업(당시) 계열의 광산회사가 갖 고 있었는데, 이병견 씨는 채굴에서 운반까지의 작업을 하청받아 조선인들을 모아 일했다고 한다(112쪽).

'돈벌이'라는 단어가 처음 등장하는 것은 이달기 씨의 발언을 기록한 다음과 같은 문장에서이다.

"가케하시에서 일한 사람은 대부분 돈벌이하던 조선인들이었다. 조선인만 있었던 것은 임금이 쌌기 때문이 아니라, 그렇게 하는 것이 동료의식도 높아지고 일도 수월해지기 때문이었다"(112쪽).

이 증언은 아버지 이병건 씨가 일하던 가케하시광산과 조선인 광부와의 관계를 설명하는 증언으로 쓰였다. '돈벌이'가 3장의 핵심이 되는 중요한 단어로 이후 사용되고 있다. '돈벌이'라는 단어는 민족이나 문화가 상이한 타지로 일하러 떠난다는 의미로 사용되기 보다는 같은 문화권 내에서 생활을 위해 고향을 떠난다는 뜻으로 사용하고 있는 것으로 보인다. 일본의 식민지 지배 당시에는 모두 같은 일본이었다는 인식에서 이렇게 사용했을지 모르나, 조선인이 도일渡日해 노동했던 사실을 표현하는 용어로는 가볍다.

그것은 그렇다 하더라도 이달기 씨는 다음과 같이 말하기도 했다.

"인부는 아버지의 먼 친척이라든가 고향에서 가까운 마을에 사는 사람들이 대부분이었다. (……) 1년 일하니까 고향에 논을 살 수 있을 정도로 돈이 모였기 때문에 다른 사람들도 모두 오고 싶어 했다"(112쪽~113쪽).

이병건 씨는 경찰서에서 도항증명서를 받아 조선으로 돌아와 노동자를 모집했다는 기술도 있다. 이달기 씨는 스스로 체험한 노동의 혹독함에 대해서도 소개하고 있다(114쪽~115쪽).

근거 없는 '쇼와 5년'설

『망간 파라다이스』에서는 '쇼와 5년(1930년) 조선인 돈벌이가 시작되었다'고 되어 있다. 그러나 '돈벌이' 개시가 '쇼와 5년'이라는 것을 뒷받침하는 근거가 되는 사실史實은 전혀 제시되어 있지 않다.

'쇼와 5년'은 이달기 씨가 부친 이병건 씨에 이끌려 교토에 와서 소학교에 다니기 시작한 해이다. 결코 '돈벌이' 개시년도가 아니다.

'쇼와 5년'이라는 연대 확정이 얼마나 건성으로 쓴 것인지, 다나카 씨의 문장을 부정하는 증언이 책 속에 있는데 놀라울 뿐이다. 망간 운반 일을 하던 사람(일본인)이 이를 부정하는 증언을 다음과 같이 했다.

"망간을 짊어지기 시작한 건 스물두 살 때, 쇼와 6년(1931)쯤이었소. 그 때는 조선인이 있지 않았습니다"(116쪽).

다나카 씨가 왜 분명히 모순되는 증언을 감히 실었는지 알 수 없다.

'돈벌이로 나간 사람들은 모두 큰 돈을 벌어 돌아왔다'

대곡면에서의 취재는 다음과 같이 전개되었다.

다나카 씨는 대곡면 덕곡리에 도착해 이장 이종수 씨의 안내로 이찬기李瓚基 씨를 만났다. 이찬기 씨는 네 살 때부터 스물여섯 살 때까지 교토에 있던 사람으로 일본어로 증언을 할 수 있었고 책에는 두 페이지에 걸쳐 그 증언 내용이 소개되어 있다. 이찬기 씨는 이달기 씨의 사촌이다. 앞서 쓴 이병기 씨가 마을에서 최초로 일본에 건너가 성공했다고 말한 사람이 바로 이찬기 씨다. 증언은 이렇게 기록되어 있었다.

"이병견 씨는(……), 일본에 가서도 일을 잘 했고 (……) 집의 빚진

돈도 전부 갚을 정도로 벌어 왔다. 그 당시 한국에서는 1년 일해야 벌 수 있는 수입이 일본에서는 한 달 수입과 비슷했다. 그래서 모두 이병건 씨의 소개로 일본으로 돈벌이에 나서게 된 것이다"(123쪽).

이종수 이장의 도움으로 망간광산에서 일했던 경험자들이 이찬기 씨 집에 모였고 여기서 여러 증언이 이어졌다. 그 증언 내용을 보면 구체적인 내용이 들어있는 것이 거의 없다. 이순기 씨의 처가 그 자리에 있었는데 이 분이 한 증언이 얼마 없는 증언 중 하나다. '일본에 돈 벌러 간 사람들은 모두 큰 돈을 벌어 돌아왔기 때문에 젊은 처자들은 일본에서 일하는 사람을 결혼 대상으로 여기고 동경했다'(126쪽)라고 되어 있다. 남편이 20년 전에 진폐증으로 타계한 것도 소개되어 있다. '남편은 광산일로 진폐증에 걸려 약 20년 전에 세상을 떴습니다'(129쪽)라는 증언이 그것이다. 그러나 이것은 취재를 마무리하는 부분에 소개되어 있을 뿐이다. '돈벌이 마을'이라는 전체적인 흐름 속에서 이러한 '부'의 역사에 대한 취재 기록은 극히 미비하다.

1938년 광산 광부 모집으로 일본에 건너온 이채기李彩基 씨도 증언자 중 한 사람이다. '고랏'[1]이라는 일본말을 기억해낸 사람이다. 다나카 씨는 '일본 경찰관, 광산 혹은 공사 현장에서 감독들이 퍼붓던 말이 아니었겠는가'(126쪽)라면서 '그런 경험을 했지만, 이채기 씨는 일본을 그리워하고 있다'(126쪽)고 쓰고 있다.

이찬기 씨 집에서 노인들의 이야기를 들은 결과에 대해 다나카 씨는

---

1 상대편에게 화를 내며 꾸짖기 위해 강하게 내뱉는 말로 '이 놈아', '이 자식'이라는 뜻으로 쓰인다(역자주).

이렇게 쓰고 있다.

"아무래도 노인들의 마음속에는 일본에 돈벌이 나갔던 일이 그리운 추억으로 남아 있는 것 같다. 그것은 강제연행(징용)으로 상징되는 것처럼 조선인이 일본에서 착취당했다는 역사를 배운 나로서는 예상치 못했던 것이었다"(127쪽).

일본의 망간광산에서 일했던 때를 그리운 마음으로 증언했다는 식으로 다나카 씨는 쓰고 있다. 『망간 파라다이스』에는 다음과 같은 구절도 눈에 띤다.

> 일본에서의 돈벌이가 그리운 추억이 된 것은 일본을 떠나 50년 가까이 시간이 흘러 좋은 기억밖에 기억에 남아있지 않기 때문이기도 하다. 돈벌이로 갔던 것이 전쟁 전의 이른 시기였다는 점도 있을 것이다. 돈벌이에 나선 마을 사람들 대부분은 쇼와 5년(1930년)부터 15년(1940년)경 사이에 일본으로 건너갔다. 강제적인 모집이 시작된 쇼와 16년(1941년), 강제연행(징용)이 시작된 쇼와 19년(1944년)보다 빠른 시기로 대곡면 사람들의 돈벌이는 강제적인 것이 아니었다. 일본의 식민지 지배가 조선인들에게 고통스런 생활을 강요했던 것이므로 모든 조선인들의 돈벌이는 강제적인 것이었다고 생각하는 사람도 있을지 모르겠다. 그러나 적어도 대곡면 사람들은 강제로 돈벌이에 나섰다는 인식을 갖고 있는 것 같지 않았다.(127쪽)

다나카 씨의 결론

이상이 다나카 씨가 대곡면 덕곡리에서의 인터뷰를 통해 도달한 결론이다. 주된 내용은 아래 4가지로 정리될 수 있다.

① 덕곡리 증언자들 중에 강제연행된 사람은 한 사람도 없다는 것으로 이해된다.

②' 마을 사람들의 목가적인 추억은 종전終戰과 더불어 끝난다'(128쪽)라고까지 표현하고 있다.

③ 망간광산에서 일해 진폐증으로 돌아가신 유족들의 발언이 있으나, '목가적인 추억'을 소개한 뒤 끝부분에 잠깐 언급할 뿐 '부'의 역사에 대한 추적은 극히 미비하다.

④ 일본의 식민지 지배로 고통 받은 한국인의 증언은 거의 없고 이채기 씨가 경찰관, 공사장 감독으로부터 들었다는 '고랏'이라는 말조차도 그리운 추억이자 에피소드로 소개되어 있다.

과연 이러한 증언 기록으로 끝내도 되는 것인가. 아버지의 죽음 후 반 년이 지나 출간된 이 책을 읽고 나서 나는 바로 조사를 시작했다.

'조선적'에서 '한국적'으로 변경하면서까지 한국에서 조사하다

솔직히 이 책에 대한 감상을 말하자면, 『망간 파라다이스』가 출판된 당시 나는 '망간광산에서의 일을 어째서 파라다이스(천국)라고 명명할 수 있는가'라는 의문을 품었고, '돈벌이의 마을'이라는 역사적 규정에는 위화감을 느끼면서도 반신반의했던 것이 사실이다.

다나카 씨가 한국에서 취재하고 나서 책이 간행되기까지는 2년간의 공백이 있다. 한국 취재를 끝내고 귀국한 다나카 씨는 '비참한 역사에 관한 증언은 듣지 못했다'는 취지의 말을 했던 것 같다. 그러나 나는 아무래도 위화감을 지울 수 없어서 다나카 씨와 동행했던 사람에게 한국에서 찍은 비디오를 보여 달라고 부탁했다.

비디오에 찍힌 한 할머니의 증언이 귀에 꽂혔다. 한국말로 '일본사람들이 가재도구랑 부채까지 가지고 갔다'라는 말이 들렸다. 이것은 전혀 '목가적'이지 않다. 약탈이 아닌가.

정말 그립고 '좋은 추억'으로 남아있는 '돈벌이'를 한 것이 마을 사람들의 진정한 경험이고 모습이었던가. 『망간 파라다이스』는 해당 내용의 제목을 '돈벌이 마을'이라고 붙일 정도였으나, 그것이 진실인지에 대한 의구심은 비디오를 본 뒤 더욱 강해져 나는 현지에 직접 가서 확인해야겠다는 생각을 하게 되었다. '이 할머니와 같은 증언을 한 사람이 더 있는 것 아닌가……'라는 생각이 들었기 때문이다. '조선적'이어서 한국 입국에 여러 가지 어려움이 있지만, 시간을 낭비해서는 안 된다고 생각했다.

이런 갈등 끝에 나는 『망간 파라다이스』가 출판된 지 5년만인 2000년에 '한국적'으로 바꾸고 그 해 8월 31일 현지로 날아갔다.

첫 한국 방문 조사

관서국제공항에서 부산까지 가서, 우선 성묘를 하기 위해 공항에서 멀지 않은 아버지의 고향으로 향했다. 그리고 성묘를 마친 뒤 대곡면 덕곡리에 도착했다. 통역은 우리말을 할 줄 아는 누이동생의 도움을 받았다. 거기서 만난 이종수李鐘秀 씨는 다나카 씨와의 인터뷰 조사에 대해 기억하고 계셨다. 그는 이렇게 말했다. "대곡면 사람들은 다나카 씨가 왔을 때, 일본군이 마을의 식량도 빼앗고 가재도구 심지어 부채까지도 빼앗아 갔다고 증언했습니다".

이종수 씨는 비디오에 나왔던 사람이다. 아버지가 단바의 망간광산에서 일했고, 다음으로 가족들이 일본에 건너갔다가 해방 뒤 일단 귀국하여 한국에서 의무교육을 받은 다음 다시 단바망간광산에서 일했다. 광산 노동이 얼마나 혹독한 것이었는지, 초등학교 시절 한국에 돌아와 다시 한국말을 배우는 데 고생했었다는 이야기 등을 해주었다. 그리고 일본의 침략행위를 많이 알고 있는 이신기李新基 씨를 소개해주셨다. 이종수 씨가 '강제연행 피해자가 살아 계신가요?'라고 묻자, 이신기 씨는 이제 아무도 없다고 대답했다. 그러나 규슈九州탄광(후쿠오카)에 강제연행 되었던 분이 마을에 계셨던 것을 이종수 씨와 이신기 씨의 대화를 통해 알 수 있었다. 다음은 이신기 씨가 부모님과 마을 사람들로부터 들은 역사적 사실을 소개하겠다(2000년 8월 31일 증언). 마을 사람들이 단바망간광산에서 일할 수밖에 없었던 역사적 배경이기도 하다.

"식민지 시대, 대곡면 면사무소에 일본 사람들이 대거 몰려와 면사무소는 일본 사람에게 빼앗기고 말았다. 대곡면의 논 전부를 측량하기 시작했다. 그리고 이틀 안에 '자기 논을 면사무소에 등록하라'고 명령했다. 당시 조선에는 토지등기제도가 없었기 때문에 '토지 등록을 신청하라'는 말을 들었어도 그것이 무슨 뜻인지 의미조차 알 수 없었다. 그래서 대곡면 사람들은 대부분이 일본인에게 토지와 논을 빼앗겼다. 어제까지 내 논이었던 것이 오늘 논에 가니, 함부로 남의 땅에 들어가지 말라고 하는 지경이 되어 땅을 빼앗긴 사람들은 눈앞이 캄캄할 뿐이었다. 대곡면에는 다른 산업도 없고, 농사뿐이어서 사람들은 일이 없어지게 된 것이다. 또한 사람들은 근처 산으로 땔감으로 쓸 장작을 패러 다녔는데, 당시 조선에서는 산은 공공의 것이라는 의식이 있었기 때문이다. 누구라도 장작을 구하러 산에 들어갈 수 있었다. 그런데 이것도 일본인의 산이 되어버려서, 밥을 짓는데 필요한 연료와 목욕물을 데울 장작을 팰 수 없어, 돈을 내고 사야만 했다(마을 사람들이 망간광산에서 일하게 된 배경에는 이러한 식민지 지배의 가혹한 역사가 있다−저자).

그 후, 일본인이 마을의 집들을 한 채 한 채 돌아다니면서 가재도구에서 부채까지 가지고 갔다(비디오에 나오는 할머니의 증언이 이에 해당한다−지은이).

일본인이 '돈벌이' 모집을 하려고 마을에 온 적이 있다. 2년 뒤에는 조선에 돌려보내 줄 것이고 임금도 지불할 것이라는 약속이 있었기 때문에, 입에 풀칠도 할 수 없는 터라 하는 수없이 모집에 응해 일본에 갔다. 그러나 그 뒤 완전히 연락도 오지 않고 소식이 끊겨버린 사람도 있다. 강제연행으로는 규슈의 탄광에 끌려간 사람들이 많다.

지워져버린 진폐증의 고통

이러한 강제연행과 관련된 이야기에 이어 진폐증 문제에 대해서도 2000년 8월 31일 조사에서 물어보았다. 돌아가신 분이 있다고도 들었다. 대곡면 덕곡리에서 찍은 비디오를 다시 일본에 돌아간 뒤 보았는데, 먼저 소개한 이순기 씨의 부인이 남편이 진폐증으로 사망했다고 증언했었다. 먼저 이경기 씨의 부인이 비디오에서 '사진도 제대로 보지 못하고 결혼했다'고 증언했다. 중요한 것은 남편에 관한 것인데, 남편이 진폐증으로 고생하다가 예순 살 정도에 타계했다고 증언했던 것이다. 어든 가량의 할머니이다. 다나카 씨의 인터뷰 조사를 담은 비디오를 보면 몸을 굽혀 망간을 파내는 모습을 재현해보이기도 했는데, 남편의 죽음이 진폐증으로 인한 것이었다고 분명히 증언하고 있다. 이순기 씨의 부인은 말수가 적었지만 옆에 앉아 있던 이경기 씨 부인의 증언에 고무되었는지 '할머니의 남편도 그러한 병에 걸려 돌아가셨나요?'라고 통역이 질문하자 '그렇죠'라고 대답한다. 비디오로는 그 이상의 이야기는 이해하기 어렵다.

이순기 씨 부인이 한 증언은 이미 소개한 바대로다. 반복하면 '일본에 돈벌이 간 사람들은 모두 큰돈을 벌어 돌아왔기 때문에 젊은 처자들은 일본에서 일하는 사람을 결혼 대상으로 여기고 동경했었다'라고 증언했었다. 이 증언은 무엇을 의미하는가. 다나카 씨 책에서는 '돈벌이 마을'이라는 논거를 대기 위해 인용된 증언이다. '동경의 대상'이기 때문에 돈벌이에 나섰다는 구도이다. 그리고 '돈벌이 마을'이라는 제목의 장은 '마을 사람들의 목가적인 추억'으로 마무리된다. "마을 사람들의 목가적인 추억은 종전終戰과 함께 끝난다(128쪽)". 이순기 씨 부인은 위의 증언말고도 남편이 20년 전에 죽었다는 말을 하는데, 이 '목가적인 추억'으로 결론지으려는 부분에서, 이런 증언을 넣어 과거의 고통스러운 기억을 심도있게 다루지는 못할 것이다. 다나카 씨의 서술을 보면 취재를 통해 무엇인가를 알아내어 간다는 자세와는 동떨어진 것이다. 그러므로 여기에서 마찬가지로 남편을 진폐증으로 잃은 이경기 씨 부인의 증언에 대한 언급도 없다. 비디오를 보고 알았는데, 할머니는 몸짓으로 광산 노동의 혹독함에 대해 말하고 있었다. 그러나 다나카 씨는 진폐증에 관한 사실을 알려들지 하지 않았다.

저널리스트 다나카 사카이 씨에게 묻는다

왜 다나카 씨는 『망간 파라다이스』에서 '부'의 역사를 쓰지 않았을까.

　『망간 파라다이스』 3장에 관해 위에 정리한 4가지 요점 중, ①과 ③ 즉, 강제연행이 있었고 진폐증의 고통이 있었다는 사실에 대해, 이를 대곡면 덕곡리의 '그리운' 추억으로 전해도 되는 것인가. 아니 될 것이다. 그리고 강제연행을 당한 당사자가 있어도 ②와 같이 '마을 사람들은 목가적인 추억'을 갖고 있다고 표현해도 되는 것인가. 아니 될 것이다. 많은 증언들이 책에는 증언으로 채택되지 않았다. 왜 글로 표현하지 않는 것인가. 왜 이렇게까지 '부'의 역사에서 눈을 돌리는가.

　백번 양보해서 덕곡리 노인들의 이야기 속에 강제연행에 관한 인상이 약했다고 치자. 그래서 망간광산에 대한 '그리운' 추억에 젖어있는 노인들로 결론짓는다고 치자. 그러나 다나카 씨가 한국에서 귀국해 집필을 시작했다고 추측되는 1993년 3월 이후 일본 정부는 강제연행 명부 일부를 공개했다. 후생성이 보관하던 강제연행 명부 6만 명의 이름이 한국 정부에게 전달되었던 것이다. 거기에는 덕곡리에서 강제연행 되었던 한국인의 이름도 기록되어 있다. 1943년 가을부터 나라奈良현 텐리시天理市에 건설된 다이와大和해군항공대기지 · 야나기모토柳本비행장 관련 공사에 두 명의 덕곡리 출신자가 강제연행 되었다는 것이 문서에 기록되어 있다. 문서를 보면 구니모토國本庸基 씨(당시 42세)와 세키모토関本弼萬 씨(당시 44세) 두 사람은 '간사이토건공업 사쿠라이영업소'로 보내져 근방의 야나기모토비행장에서 강제노동을 한 것으로 보인다. 나중에 발견된 자료로 후생성 근로국이 작성한 "조선인노무자에 관한 조사"를 보면 나가사키현 명부에 다이노하나鯛之鼻탄광의 명부가 있고 여기에 대곡면 출신으로 탄광에 끌려온 연행 피해자들의 이름도 있다. 2명의 사망자 이름도 있다. 또한 후쿠오카현의 미쓰이미이케三井三池탄광 만다万田갱의 명부에도 1944년 1월과 2월, 대곡면에서 만다갱으로 연행된 15명의 이름이 들어있다. 민다갱의 명부를 보면, 1월에 연행된 13명 중 1944년 7월까지 도망한 것으로 기록되어 있다. 이 명부는 이신기 씨가 언급했던 탄광에 끌려간 연행 피해자들의 일단을 보여주는 사료인 것이다.

단고丹後의 서쪽에 해당하는 효고현의 사사야마에도 망간과 규석이 채굴되었다. 후생성 근로국의 위 조사 자료의 효고현 명부에는 사사야마 지역의 광산 명부도 포함되어 있다. 대부분은 소규모로 경영된 규석광산의 것이고 기재된 인원수는 대략 10명 가량이다. 명부에는 망간을 채굴했던 후쿠즈미福住의 광산 것도 있는데 7명의 이름이 기록되어 있다.

"강제연행 되었다"라는 증언을 채택하기가 애매하다고 한다면, 강제연행에 관한 문서 기록을 조사하고 취재하는 것이 저널리스트의 본분이 아닌가. 그 정도는 추궁한 뒤에 어떤 결론이든 내리는 것이 도리가 아닌가. '그렇게까지 하지 않아도 될!' 정도로 식민지 지배 역사라는 것을 가볍게 다루어도 괜찮은 것인가.

다나카 씨에게는 처음부터 '돈벌이 마을'이라는 강한 인식이 있었던 것이 아니었을까 생각한다. 교토에서의 취재로 시작되는 도입 부분부터 그런 느낌이 드는 것을 피할 수 없다. 다나카 씨에게 강제연행의 문제는 그 정도로 가벼운 주제였던가.

왜곡된 역사

그러나 『망간 파라다이스』는 실로 그 구성이 교묘하다. 잘 읽어보면, '강제연행은 없었다'라는 구절은 없다. 인용한 문장을 다시 옮겨보겠다. 우선 취재 목적을 제한적으로 두겠다는 취지의 구절이 있다.

> 한국 경상남도의 한 마을에는 가케하시광산에 돈벌이를 하러 갔던 사람들이 지금도 살고 있다고 한다"(119쪽).

'돈벌이'간 사람들을 찾아내는 것이 취재의 목적이었던 것이다. 처음부터 취재의 기본적 사항이 고정되어 있다. 그리고 결론적으로는 '돈벌이 갔던 마을 사람 대다수는 쇼와 5년(1930)부터 16년(1941)경에 일본에 건너갔다. 강제적인 모집이 시작된 쇼와 16년, 강제연행(징용)이 시작된 쇼와 19년(1944)이라는 시기보다 빠른 시기로 대곡면 사람들의 돈벌이는 강제적인 것이 아니었다'(127쪽)라는 결론에 이르게 된다.

이 문장은 '돈벌이'간 마을 사람들은 '강제연행' 이전의 사람들로 규정하려는 것으로도 읽힌다. 그러므로 강제연행을 부정하고 있지는 않은 것이다. 사실, 다나카 씨는 『망간 파라다이스』에서 이 책의 제1부 제4장에서 소개한 김갑선 씨를 강제연행 체험자로 소개하고 있다(60쪽). 강제연행 부정론자는 아닌 것이다.

그렇다면 무엇이 문제인가. 강제연행의 역사적 사실이 있어도 그것에 대해서는 언급하지 않고 '돈벌이 마을'이라고 소개하는 것에 역사 왜곡의 문제가 있다. "아무래도 노인들의 마음 속에는 일본에 돈벌이 나갔던 일이 그리운 추억으로 남아 있는 것 같다"(127쪽), "이장 이종수 씨의

둥글게 앉아 전쟁 전과 전시 중의 경험에 대해 말하는 대곡면 사람들
한국 경상남도 대곡면에서(촬영 ⓒ 나카야마가츠히로, 1993년)

호출을 받은 마을의 노인들이 삼삼오오 이찬기 씨 집으로 모였다. 모두
이병건 씨에 이어 일본에 돈벌이 갔던 사람들이다"(125쪽).

　일제 식민지 시기의 망간광산 노동자를 '돈벌이'라고 보는 사람도 있을
것이다. 그러나 왜 현실에 존재하는 강제연행의 사실이나 진폐증으로 남
편을 저 세상에 보낸 부인들의 이야기 등은 심도 있게 게재되지 않았는가.

　더 인용해보겠다. "일본의 식민지 지배가 조선인들에게 고통스런 생
활을 강요했던 것이므로 모든 조선인들의 돈벌이는 강제적인 것이었다고
생각하는 사람도 있을지 모르겠다. 그러나 적어도 대곡면 사람들은 강제
로 돈벌이에 나섰다는 인식을 갖고 있지는 않은 것 같았다"(127쪽).

　'적어도 대곡면 사람들은 강제로 돈벌이에 나섰다는 인식을 갖고
있지는 않은 것 같았다'라는 기술은 다나카 씨가 무엇을 주장하고 싶

어 했는지를 노골적으로 보여주는 대목이다. 역사의 '부'는 감춰지고, '돈벌이'가 대곡면 전체의 성격을 규정해버린다. 결코 '돈벌이에 나선 마을 사람들'이라고 한정짓지 않으면서.

이경기 씨의 처―한국 경상남도 대곡면에서
(촬영 ⓒ 나카야마가츠히로, 1993년)

여기서 한발 더 나아가 다나카 씨는 '마을 사람들의 목가적인 추억은 종전과 더불어 끝난다'라고까지 말한다. 이것이 역사 왜곡이 아닌 그 무엇이겠는가. '부'의 역사를 표면화시키지 않은 채 '목가적인 추억'이라고 쓰는 이유는 무엇인가. 강제 연행 부정론자가 아닌 다나카 씨가 이렇게까지 '부'의 역사를 추구하지 않은 이유를 나는 알 수 없다. 진실을 밝혀야 하는 저널리스트에게 나는 그 진실을 묻고 싶다.

자료 1

　　기념관 방문자들이 남긴 감상문(기념관의 '감상문' 노트에서)

- 1998년 8월 4일 설명과 자료가 충실해 좋았습니다.
- 1998년 우연치 않게 '단바망간기념관'에 오게 되었는데 이렇게 대단한 곳이라고는 생각지 못했습니다. 강제로 끌려온 조선인들에 대해 앞으로도 깊이 생각해가도록 하겠습니다. 많은 공부가 되었습니다.

*

- 2001년 여름 견학할 수 있는 갱도가 매우 길어 놀랐습니다. 모두 사람의 힘으로 직접 채굴했다니 그 혹독함을 실감할 수 있었습니다.
- 2001년 늦여름 방문(맑음). 일제시대 강제적으로 속이거나 연행해 더할 나위 없는 노동을 강요당하고 이름까지 일본식으로 바꿔 개인으로서의 모든 권리를 빼앗고 더욱이 전쟁이 끝나자 내동댕이쳤다. 지금 그런 진실을 젊은이들, 어린이들에게 전해 주어야만 한다. 현대를 살아가는 일본인으로서 교과서, 야스쿠니신사 문제 등 우리들은 여전히 전후戰後를 완전히 끝내지 못하고 있다고 생각한다. 크게 눈을 뜨고 진실을 보고, 듣고 배워야 한다. 일본에서는 종전기념일이라고 하지만 한국에서는 '광복절' 전승기념일이라고 하는 것을 당신들은 알고 있는가.

*

- 2003년 근대 일본, 제국 일본의 '발전'의 이면에 이런 삶을 살 수밖에 없었던 사람들에게 역사는 더욱 초점을 맞춰야만 한다. 그들에 의해 지탱되었다는 것을(菊).
- 2003년 지금까지 책으로 안 세계, 사람들로부터 들어본 적이 있는 세계인 '부락'이나 '재일조선인'의 문제를 피부로 느꼈던 것 같습니다. 한마

디로 형언하기 힘든 심정이며 가슴이 벅찹니다. 다음 세대인 저희들에게도 해당되는 문제이기 때문에 조금이라도 문제해결에 협력할 수 있다면……하는 생각입니다.

- 헤이세이平成 15년(2003) 견학용으로 잘 정비되어 있는 것을 보고 경외심마저 들었습니다. 여러 가지 상상해보면 소름이 끼칩니다. 갱내 이끼 같은 것들도 신비하게 보였습니다. 관련된 역사를 잘 모르고 들어갔는데 느낀 점이 많았습니다. 역시 안다는 것은 중요하다고 생각합니다. 그래서 이런 것들을 전하고 있는 사람은 더욱 중요합니다.

- 2003년 10월 16일 밖의 온도와 갱내 온도가 달라 갱내 어둠 속에서 일하던 사람들의 인형이 더 차갑게 보였습니다. 혼자 들어갔기 때문에 더욱 뚜렷하게 50미터 파내려간 곳의 구멍 저 안쪽까지 보이는 것 같았습니다. 옛날 사람들은 이런 앞이 잘 보이지 않는 광산에서 일하면서 목숨을 잃은 분들도 계셨다는 설명을 듣고 안타까운 마음이었습니다. 자연과 부딪치며 산다는 것은 지금까지 도회지에서 살아온 제가 생각했던 것과는 완전히 다르게 인간이 생각하는 것만큼 예사롭지 않은 아주 험하고 두려운, 존엄스러운 것이라고 느꼈습니다.

- 헤이세이 15년(2003) 10월 15일 조선인들에게. 옛날, 일본이 한 일에 대해 죄값을 치러야 한다고 생각합니다. 지금은 이미 잊혀져가고 있을지 모르겠지만, 이 사실은 일본이 수치스러워 해야 할 일이며, 책임을 져야 하는 일입니다.(평화)

*

- 2008년 10월 5일 갱내의 모습은 대단히 힘을 느끼게 했고 전시자료를 함께 읽는 동안 조선인 연행과 혹독한 노동자들의 모습이 눈앞에 떠올랐습니다.

- 2008년 5월 5일 이러한 전쟁책임을 다하지 않고 일본인만이 나쁜 것은 아니라는 사고방식이 최근 큰 목소리로 퍼지고 있다. 일본만이 나쁜 것은 아니라는 사고방식은 잘못된 것이다. 이제 일본의 전쟁 책임을 인정해야 한

다. 우선은 자신들의 선조가 했던 것을 다시 바라보는 것부터 시작하자. 그렇지 않으면 증오를 증오로 보답할 뿐인 허망한 전쟁이 다시 일어난다. 눈을 떠라!!! 일본. (일본인 교사)

- 2008년 5월 6일 오늘은 「교토신문」 기사를 읽고 방문했습니다. 게이호쿠에 살면서 18년 동안 한 번도 견학오지 않은 것이 부끄럽습니다(견학하겠다고 항상 생각은 하면서도…). 아들이 초등학교 4학년이 되었는데 꼭 가르쳐달라고 했습니다. 이런 귀중한 역사를 전해오신 것에 깊은 경의를 표하지 않을 수 없었고 머리가 숙여졌습니다. 이런 귀중한 기념관이야말로 더욱 다음 세대에 남기고 전해가야만 한다고 진심으로 생각합니다. 이 시대, 뭔가 잘못된 방향으로 흘러가고 있는 것에 위기감을 느낍니다. 풍족한 오늘의 일본이 있는 것은 근린 아시아 여러 나라의 많은 분들로부터 지탱되고 있고, 또한 그 선조들의 노력과 땀, 눈물이 주신 선물이라는 것을 아들에게 똑똑히 전하려 합니다. 다시 개관되기를 바라면서 감사의 말씀을 드립니다. 합장.
- 더욱 많은 사람들이 이곳을 알았으면 좋겠습니다. 어떻게든 지혜를 모아 존속해가야만 합니다!!

자료 2 '단바망간기념관' 소장 목록

● **실외 전시**

■ 함바(간이숙박소)
제2차 세계대전 중인 1935년부터 1960년까지 광산 근처 샘물이 나오는 곳에 통나무와 삼나무 껍질로 함바를 만들어 생활했다. 효고현 사사야마篠山와 교토부 미야마초, 게이호쿠초의 경계에 위치한 가케하시광산에서는 강제연행되었던 조선인들과 취업한 일본인들이 생활했었다. 조선인 남성(80세)의 증언을 바탕으로 복원한 함바 건물이다. 증언에 의하면 6조(疊) 가량의 방에 20명 정도가 취침하였고, 식사는 밥이 아니라 보리나 잡곡, 야채, 풀 등을 섞어 넣은 것이었다. 증언에 따라 인형과 건물을 실물 크기로 재현해 전시하고 있다.

■ 달구지[1]
무게가 약 2톤이나 되는 망간을 소가 끄는 달구지에 실어 20~30킬로미터 떨어진 산인선山陰線 도노다역殿田駅(현 JR히요시역)까지 운반했다. 조선인 노동자가 늘어나자 그 때까지 채굴 작업을 하던 피차별부락인들이 운반 일을 맡기 시작했다. 광물 운반은 지금처럼 트럭을 이용한 운송이 아니라 철도 중심의 운반이었다. 인형과 달구지, 달구지를 끄는 소를 실제 크기로 재현해놓았다.

---

1 일본어로 '베타구루마'로 불린다(역자주).

● 실외

광산기계

- 조크러서(jaw crusher): 광물류 암석을 분쇄하는 기계로 당시 사용하였던 실물을 전시하였다.
- 광물 선별기: 1~25밀리리터의 망간 광석과 폐석을 무게를 달아 선별해내는 기계로 제2차 세계대전 당시부터 1983년까지 사용했던 실물을 전시.
- 호퍼(hopper)와 전자피더: 하르츠지카와 미네랄지가에 일정량의 선별할 돌을 공급하기 위해 모아둔 저장통인 호퍼와 급광기인 전자피더를 실물 크기로 전시하였다.
- 미네랄지가: 1~2밀리미터의 망간과 폐석을 비중으로 선별하는 기계로 제2차 세계대전 때부터 1980년경까지 사용. 당시 물건을 전시하였다.
- 윌프레테이블: 0.1~2밀리미터의 망간을 망간 광석과 폐석으로 무게를 비교, 선별하여 분리하는 기계로 제2차 세계대전 당시부터 1983년까지 사용했다. 당시의 실물을 전시하였다.
- 콤프레서(compressor)와 에어탱크: 착암기를 가동하기 위해 고압의 공기(에어)를 발생하는 기계로 자동차의 엔진과 콤프레서를 광산까지 사람의 힘으로 운반했다. 1955년부터 1980년경까지 사용되었던 실물을 전시하였다.
- 송풍기 2대: 갱내 분진 발생과 산소 결핍을 방지하기 위해 엔진이나 동력 모터를 이용해 인위적으로 외부 공기를 갱내에 불어넣는 기계. 1955년부터 1980년경까지 사용했던 실물을 전시하였다.
- 갱내 산책로: '단바망간기념관' (신오오타니광산)에는 80개의 갱도(구멍)가 있는데 원래 갱도는 1척×2척(30×60센티미터)으로 매우 좁아서 인간이 누워 포복 자세로 앞으로 나가면서 100킬로그램 정도의 망간을 운반해 나왔다. 그러나 이것으로는 작업 효율성이 낮아 3척×4척(90×120센티미터)로 크게 넓혔다. 그러한 갱도를 20개 정도 보면서 걸을 수 있는 길이 1킬로미터 이상 정비되어 있다.

● 갱내 전시

■ 개요: 1995년경까지는 레일이 없고 통나무를 나란히 놓아 그 위에 100~120 킬로그램의 망간을 썰매가 달린 나무 상자에 넣어 이것을 인력으로 밀어 갱내 밖으로 운반했다. 마네킹과 목마²는 실물 크기. 1945년 당시에 만들어진 갱도를 실물 크기로 전시하고 있다.

■ 지게: 광맥을 따라 지하를 파내려가는 채굴을 할 때 사용하는 운반 방법으로 폴리탱크에 망간을 넣어 60미터 지하로부터 짊어지고 나오는 모습을 마네킹으로 써서 전시하였다.

■ 슈아파기³: 망간 채굴을 시작했던 당시부터 1965년까지 광산 표면에 나온 이산화망간을 철 막대기로 찔러 파던 것을 '슈아파기'라고 하는 작업으로 마네킹을 사용해 실물크기로 갱내에 전시하였다.

■ 손으로 파기(수굴): 1960년경까지 정과 망치를 써서 갱내를 파들어 갔다 (땅 속에 구멍을 내갔다). 이러한 방식으로는 하루 종일 작업해도 5센티미터 정도밖에 나아가질 못한다. 소라에 기름을 붓고 심지 끈을 넣어 불을 붙인 행등으로 어둠을 밝혔다. 마네킹을 사용해 갱내에 실물크기로 전시하였다.

■ 햄머파기 천공작업: 한 사람이 정을 들고 한 사람은 정을 망치로 치면서 정을 돌려가며 다이너마이트를 넣을 구멍을 파는 작업. 500개 가량 들어갈 구멍을 깊이 30센티미터 정도로 뚫는 데 3개 정도의 구멍을 사흘에 걸쳐 뚫은 다음 1회 발파한다. 행등으로 밝힌 희미한 불빛 아래에서 하는 위험한 작업으로 강제연행된 조선인이 도맡아 했던 일이다. 갱내에 실물 크기 마네킹으로 재현해 전시하였다.

■ 수평파기(갱도에 틀넣기): 광석을 캐내면 갱도 구멍이 넓어져 낙반 위험이

---

2 광석을 갱내에서 손으로 밀어 운반하는 데 사용한 상자모양의 큰 나무통으로 아래에 썰매가 달려 있다(역자주).

3 표면에 나온 양질의 부분만을 골라 정 등을 이용해 손으로 파는 것을 말한다(역자주).

있기 때문에 나무틀을 넣어 낙반을 방지한다. 이 작업을 마네킹을 사용해 갱내에 실물 크기로 재현하였다.

- 감아올리기: 1955년경까지 바닥 아래의 망간을 채굴할 때, 완만한 경사에서 팠을 경우 인력으로 철사줄이나 밧줄을 사용해 광차나 목마를 감아올렸는데 이 작업을 마네킹을 사용해 실물 크기로 갱내에 재현했다.
- 착암기 작업: 정과 망치를 사용하여 손으로 구멍을 파면(수굴) 하루 작업을 통해 30센티미터 구멍을 한 개 팠으나, 1955년경부터 고압의 공기(공기를 회전시키는 드릴)를 이용하는 착암기로는 1미터 구멍을 150개나 뚫을 수 있었다. 그러나 손으로 파는 것과 비교해 100배 이상의 다이너마이트를 사용하게 되어 착암기 사용은 대량의 분진을 만들어내 진폐증 피해를 입는 사람도 증가했다.
- 얇은 광맥 파기: 광맥이 70센티미터 이하인 광맥만을 팔 때, 누운 자세로 광석을 캤다. 제2차 세계대전 중에는 강제연행된 조선인이 도맡아 일했고 1955년경까지 이 작업은 계속 되었다. 마네킹을 사용해 당시의 갱내 현장을 실물크기로 재현하였다.
- 펌프로 물 퍼내기: 채굴 과정에 지하수가 솟는 현상이 보이면 사람이 인력으로 20미터 아래로부터 물을 끌어올리기 위해 손으로 펌프질을 했다. 쉴틈 없이 계속해야 하는 혹독한 작업으로 마네킹을 이용해 실물크기로 갱내에 재현했다.
- 슈우트: 광맥을 전부 파지 않고 한 곳만을 파서 채굴한 구멍에 용기를 댄다. 입구에 광차를 놓고 뚜껑을 열면 망간이 흘러나와 대기해 놓은 광차에 망간을 적립할 수 있게 된다. 이 작업을 마네킹을 사용해 실물 크기로 갱내에 재현하였다.
- 코울픽: 1955년경부터 발파한 뒤에 남은 암석을 고압으로 깎는 코울픽이라는 기계를 도입했다. 마네킹을 사용해 실물 크기로 갱내에 재현하였다.

● 갱내 판넬 전시

- 천매규질암: 천매규질암은 2~3억 5천만 년 전 하와이만 해저 6,000미터 아래에 서식하던 방산충이라는 플랑크톤이 쌓여 1만 년 이상 경과해 형성된 두께 1센티미터의 암석이다. 태평양 암판에 의해 일본 가까이에서 솟은 것이 단바의 천매규질암이 되었다. 갱내에서 견학할 수 있다.
- 단층: 갱도에서 광맥의 어긋나 있는 흔적을 볼 수 있다. 독일어로는 슬리켄사이드(slickenside)[4]라고 하며 단층이 어긋났을 때에 지진이 일어나는 데 그 단층을 실제로 갱내에서 볼 수 있다.
- 습곡: 강한 힘의 작용에 의해 굽어진 규질암층을 볼 수 있다.
- 광차: 1955년경부터 레일이 보급되기 시작했다. 광부는 500킬로그램의 광차 무게와 여기에 실은 망간 1톤, 합계 1톤 500킬로그램의 망간을 손으로 밀어 갱내로부터 운반했다. 광석을 옮겨실을 때 500킬로그램은 앞 뚜껑만 열면 저절로 내려간다. 남은 500킬로그램과 광차의 무게를 합한 1톤의 무게는 인력으로 들어 올려 내려놓았다.
- 대장장이 오두막: 광부 한 사람이 1개 이상의 정을 갱내로 가지고 들어가는데, 갱내 채굴에 사용되는 정과 망치를 다듬어야 했다. 수십 개의 정 끝을 뾰족하게 다듬는 작업을 해야 했다. 이 모습을 오두막을 세워 실물 크기로 재현했다.

● 자료관 내 전시

- 망간을 사용한 제품 전시.
- 이산화망간을 사용한 제품 전시.
- 망간건전지: 단일 건저지에는 30그램의 이산화망간이 함유되어 있다.
- 철: 단단한 철을 만들기 위해서는 철의 3~7퍼센트 가량의 이산화망간을 넣

---

4 단층마찰면 혹은 단층거울면을 일컫는다(역자주).

어 제조한다.

- 맥주병: 맥주병의 갈색은 이산화망간에 의해 나오는 색이다. 맥주는 빛이 통과되면 품질이 나빠질 수 있기 때문에 병에 이런 색을 입혔다. 현재는 카본으로도 색깔을 입힐 수 있는데 예전에는 망간으로 병 색깔을 냈다.
- 알루미늄 캔, 알루미늄 호일, 알루미늄 샷시: 알루미늄에 이산화망간을 넣으면 알루미늄이 강해진다.

● **탄산망간을 사용한 제품**

- 강철: 탄산망간을 실리콘망간이라는 금속으로 만들어 철에 20~30퍼센트 첨가해 레일, 캐터필러, 대포의 포신 등 견고한 철 제조에 사용한다.
- 도자기: 검정색 유약 제조에 사용한다.
- 비료: 비료에 미량 금속원소를 보충하기 위해 철을 녹인 뒤 남는 잔해를 비료로 사용
- 표본: 대표적인 단바망간의 표본을 전시.
- 석탄망간, 테프로이트망간, 브라운광, 장미휘석, 망간단괴
- 다케무라 미치오竹村道雄 씨의 망간 표본 514점.
- 화석: 천매규질암과 괴상규암에 들어있는 0.1~2밀리미터 크기의 방산충 화석을 1만 배 확대하여 판넬 9장으로 전시.
- 바다 화석, 마노치스구 중생대, 삼첩기, 신생대의 2억 2천만 년 전의 얕은 바다 아래에서 서식하던 조개화석이 게이호쿠초 슈잔초 우오가후치에서 발견되었다. 발견되었던 실물을 전시.
- 모수석: 해저에서 진흙과 같은 상태였던 망간이 암석 사이에 끼어 노송나무의 잎사귀와 같은 무늬를 만들어내었다.
- 노동수첩: 일본인이 소지하던 취업증명수첩으로 이 수첩으로 망간광산에서 일하고 있다는 것을 증명하면 전쟁으로의 징용을 면할 수 있었다.
- 협화회수첩: '우리 모두 황국신민이 되자'라고 쓰여 있다. 조선인을 협화회에 강제로 가입시켜 상호 감시하게 하였고 취업규제에도 사용되었다. 사

본 전시.

- 망간광석이 있던 주변 암석: 점판암, 방산충이 들어있는 점판암, 하반규질암, 규암 등의 암석 실물을 전시.
- 분포도: 전국의 출광된 망간 광석을 색깔별로 표시한 차트를 전시.
- 단바망간광산 분포도: 단바 분지인 효고현 시노야마시에서 시가현 구쓰기무라(당시) 정도까지의 범위에 277개의 광산이 있었다. 지도상에 출광수별로 색깔 분류해 전시하고 있다.
- 강제연행 소재지: 다케우치 야스히토竹內康人 씨가 연구 조사한 조선인 강제연행 소재지 약 2,800개소가 정리된 자료의 사본 전시.
- 전국의 지하참호 지도: 2002년 농림수산성 농촌진흥부 및 임야청, 국토교통성, 도시지역정비국이 조사한 특수 지하참호 지도. 실태조사보고서에서는 2,800개 참호 중 90퍼센트는 강제연행이 있었던 것으로 기록했다고 한다. 일본 정부가 검게 칠해버린 소재지를 포함해 지하 참호도 지도를 전시하고 있다.
- 지게: 강제연행된 조선인이 50~80관(약 200~320킬로그램)의 망간을 등에 짊어지고 옮기는 모습을 마네킹을 사용해 실물 크기로 전시하고 있다.
- 수평사[5] 선언: '수평사 선언'의 사본 전시.

● 사진 판넬

- 이정호, 이성호, 가네모토 긴야金本欽也 씨 등이 광산에서 찍은 사진.
- 광산협회 선진지역 시찰 당시의 사진.
- 망대를 짜서 그 위에 레일을 깔아 광차를 미는 모습의 사진.
- 기하타生畑광산 사진.

---

5 일본의 이른바 다이쇼 데모크라시 시기에 피차별부락의 지위향상과 인간의 존엄성 확립을 목적으로 결성된 단체이며, 부락해방동맹의 전신. '수평사 선언'은 일본 최초의 인권 선언으로 평가된다(역자주).

- 기하타광산 광구 사진.
- 망간광산 갱내에서의 광석 채굴 현장 모습.
- 쇼와 초기, 독일의 잠수함 유보트(U-boat)의 전지에 사용할 망간을 구입하기 위해 방일한 독일인 사진.
- 광석을 트럭에 쌓는 작업을 찍은 사진.
- 총련 도노다지부 사람들의 단체 사진.
- 시타노야下谷광산의 갱구 사진 전시.
- 망간광산 관련 사진 18매를 앨범으로 전시.

● 판넬 전시

- 전국 강제연행자: 전국의 강제연행자 수를 직업별로 판넬에 전시(조선대학 지리역사학과 자료).
- 교토부지사 인계서: 교토부 내의 강제연행 소재지와 사업자명, 강제연행자수(약 8,000명)을 판넬로 전시.
- 아시아에 위안소가 있던 곳을 표시해 판넬로 전시.
- 고대의 조선과 일본의 유적 출토품을 비교해 그 문화의 발상지가 동일하다는 것을 보여주는 전시 판넬.
- 임진왜란 및 정유재란: 도요토미 히데요시군이 전쟁 공적의 증거로 조선인의 귀와 코를 베어 일본에 보냈다. 교토에 귀무덤이 남아있음.
- 조선통신사의 전시 판넬.
- 일본의 침략과 야만적 행동을 보여주는 판넬 전시.
- 전쟁 후 재일조선인에 대한 차별을 보여주는 판넬 전시.
- 전후보상을 일본 정부에 호소하는 판넬: 단바망간과 조선인들/ 히요시망간광산/ 건강을 잃게 한 노동의 실태/ 게이호쿠초의 마을 풍경과 산들/ 산인선 도노다역/ 인사말/ 이덕남 씨/ 가네모토 긴야 씨/ 정갑천 씨/ 김경도 씨/ 이달기 씨/ 김곡개 씨/ 김갑선 씨/ 아라이 도시오 씨/ 이신기 씨/ 이종수 씨/ 니시다 쓰토무 씨/ 야마구치 히데오 씨/ 도치시타 간자에몽 씨/ 도

치시타 하루 씨/ 강순덕 씨/ 신수갑 씨

- 함바 흔적 등의 판넬: 히요시초 요츠야에 있는 노후된 함바의 흔적/ 가케하시광산 근처의 연못에 남아 있는 목마와 노선/ 히요시초 도노다 선광소가 있던 자리/ 게이호쿠초 도로를 따라 있는 오타니광산의 광산 입구/ 니시무라 순시치로 씨/ 이종기 씨/ 오카 요시쓰구 씨/ 다니 요시오 씨/ 아베 가즈오 씨/ 만선사 윤청안 주지스님/ 청광사 나리키 히코나리 주지스님/ 국민노무수첩/ 규폐관리 1의 거의 정상적인 폐/ 규석 등 분진을 대량으로 흡입한 폐/ 협화회수첩/ 게이호쿠초 데라다 지구에서 발견된 지구 규약서/ 이정호씨

● 문헌

- 『지질뉴스』: 지질과 광물에 관한 잡지(1954년~1997년경 월간지)로 520점 소장.
- 『지질학잡지』: 지질과 광물에 관한 잡지(1951년~1972년경 월간지)로 250점 소장.
- 『광산지질』: 광산 관계의 지질과 광물에 관한 잡지(1951년~1972년 경 월간지)로 250점 소장.
- 『물리심광』: 광물의 물리적 심광을 중심 테마로 한 월간지(1933년~1950년경)로 200점 소장.
- 『지질조사소월보』: 정부간행서로 1952년~1990년경까지의 잡지 450점 소장.
- 『구십구지학』: 광산 관련 잡지 1974년~1988년 월간지를 160점 소장.
  이상 1,830점의 광산과 지질 관련 문헌을 소장하고 있다.

(위) 갱내 운반에 사용되었던 손으로
미는 목마
(아래) 조선인 함바를 재현해 놓음
(둘 다 기념관 전시물)

단바망간기념관에서는 내부를 견학할 수 있도록 갱도 내를 정비, 유지해 왔다.

다이너마이트가 보급되기 전에는 정과 망치를 사용해 해머파기를 했다
(1930년대까지 '단바망간기념관' 갱도 전시물)

/ 글을 마치며

'NPO단바망간기념관'을 지속적으로 운영해오고 또한 이 책을 집필할 수 있었던 데에는 많은 분들의 협력이 있었습니다. '야나기하라은행기념자료관'의 야마우치 마사오山內政夫 씨와 "오사카인권박물관"의 문공휘文公輝 씨, 아사지 마사오朝治武 씨, '수평사박물관'의 모리야스 도시지守安敏司 씨와 고마이 다다유키駒井忠之 씨, 'NPO단바망간기념관' 부이사장인 고영삼高英三 씨, 광석표본을 빌려주신 다케무라 미치오竹村道男 씨, '단바망간기념관'의 건물 부지 소유자이신 가와바타 도시오川端敏夫 씨, 이 책의 편집자이신 가와세 슌지川瀨俊治 씨 등 헤아릴 수 없이 많은 분들의 협력이 없었다면 기념관 운영도 이 책의 집필도 불가능했을 것입니다. 진심으로 감사드립니다.

'단바망간기념관'의 창시자인 제 아버지 이정호는 어린 나이에 일본과 한국으로 어머니와 갈리는 생이별을 했고 평생 단 한 번도 어머니를 만나지 못했습니다. 그리고 열여섯 살 때부터 광산에서 일하기 시작해, 해방 후 25년이 지나서는 진폐증에 시달렸고, 마지막 남아 있는 모든 힘을 다해 강제연행의 역사를 남기고자 이 기념관을 건설했습니다.

일본인으로 귀화하고 일본에 동화하는 것이 아니라, 차이를 인정하고 공존하는 것. 자신이 변해야만 하는 것이 아니라 일본을 변화시키는 것에 도전하며, 재일조선인이 있는 그대로 민족의 자긍심을 갖고 차별받지 않고 살 수 있는 사회. 그 자손들도 다름을 인정받으며 살 수 있는 사회. 이것이 아버지의 염원이었을 것입니다.

'단바망간기념관'은 일본인에게 일본 전후의 존재방식에 대해 문제제기를 하는 강력한 레지스탕스였을지도 모르겠습니다. 분명히 말할 수 있는 것은 일본은 이대로 가서는 안 된다는 것입니다. 차별의 역사, 이것은 그야말로 인권이 짓밟혔던 재일조선인의 고투의 역사를 의미합니다. 이른바 한국·조선인 문제라고 하면, 한국인과 조선인이 갖고 있는 문제인 것처럼 들릴지 모르겠지만, 사실 일본인 자신의 문제인 것입니다. 한국·조선인을 전후 60년이 넘도록 차별해온 일본측에 문제가 있기 때문입니다. 이것을 모르는 일본인이 너무나도 많습니다.

제3부에서는 다나카 사카이 씨의 저서, 『망간 파라다이스』를 비판하였습니다. 다나카 씨의 검증은 일부 역사만을 취사선택한 것으로, 저는 그것이 바로 역사 왜곡이라고 단정하였습니다. 저널리스트에 의한 역사 검증이 이 정도의 수준이라는 것은 예사로운 일이 아닙니다. 일본에서는 아무렇게나 역사 왜곡을 해도 그것이 자유로 묵인되는 것입니까? 작가, 저널리스트, 정치가들 사이에서 만연하고 있는 역사 왜곡을 결코 간과해서는 안 될 것입니다.

일본은 식민지 지배, 아시아·태평양전쟁을 통해 되풀이 했던 침략의 역사를 겸허하게 받아들이고 그 과오를 반복하지 않겠다는 자세를 공고히 하는 것이 당연한 자세가 아닐까요. 저널리스트이기 때문에 그 책임은 더욱 무거운 것입니다.

기념관을 재건하는 모임이 발족되어 감사한 마음뿐이나 재건은 단념할 수밖에 없습니다. 맺는말을 쓰는 오늘, 2009년 5월 31일부로 '단바망간기념관'은 문을 닫습니다.

그러나 저는 싸우지 않고 패배를 인정해버리는 일은 하지 않겠습니다. '단바망간기념관'은 폐관하지만 저의 투쟁은 계속 될 것입니다. 그리고 '아버지의 여정'도 아직 끝난 것은 아닙니다.

아버지께서 입버릇처럼 하시던 말씀이 있었습니다. "가령 공격을 받아 죽더라도 뒤로 쓰러지지 말고 앞을 향해 쓰러지며 죽자".

일본 전후의 역사, 차별의 역사와 싸우다 돌아가신 아버지께 이 책을 바칩니다.

2009년 5월 31일
이용식
단바망간기념관 관장

/ 역자후기

현재의 모든 것에는 연원이 있다. 과거에 대한 이해가 중요한 것은 그 때문일 것이다. 달리 말하면, 역사로부터 자유로운 사람은 아무도 없을 것이다. 그러나 과연 얼마나 많은 사람들이 역사의 강을 피하지 않고, 가슴과 손발에 품고 살아왔을까. 그 사람의 삶이 품어온 그 시대와 역사의 양은 한 사람의 삶의 정직성을 가늠할 때 중요한 잣대가 아닐 수 없다.

저자 이용식 관장은 역사와 시대를 삶에 녹여온 참된 사람이다. 정직한 사람이다. 이 책에는 나라의 상실과 식민지, 유랑과 이산, 차별과 빈곤, 해방과 분단이라는 재일조선인 역사의 궤적이 저자의 삶을 통해, 또한 단바망간기념관을 불굴의 의지로 세운 아버지 이정호의 삶을 통해 고스란히 담겨져 있다. 그러나 부자는 온몸에 쏟아지는 역사의 저주에 굴하지 않고 "공격을 받아 죽더라도 앞을 향해 쓰러지며 죽자"는 다짐으로 역사의 시대를 직면하며 살아왔고, 결국 망간을 파던 그 맨손으로 단바망간기념관을 세우고 말았다.

"내 무덤 대신이다. 조선인의 역사를 남기는 것이다." 저자는 아버지의 무모하리만치 당당한 제안에 도저히 반대할 수 없었다고 말한다. 망간광산 노동으로 진폐증에 걸려도 글자를 몰라 노동재해보상 신청도 하지 못하는 조선인, 생활보호를 받으며 혼자 살고 있지만 불 사용이 위험하다며 화기엄금 명령을 받아 매일 같이 인스턴트 라면을 물에 불려 먹다가 혈압이 올라 뇌경색을 앓고만 조선인, 정신병에 걸려 정신병원을 전전하는 조선인, 광산에서 함께 해온 그들의 무덤을, 그들의 역사를 남기는 일이었기 때문이다.

일본에는 현재 약 60만 명의 재일조선인(조선족와 한국적)이 거주하고 있다. 일본 국적을 취득한 숫자까지 합하면 수백 만 명은 될 것이다. 이들이 겪어 온 한恨의 역사는 우리가 해방 뒤 지금까지 여러 가지 그럴듯한 핑계로 덮어두려 하고 잊으려 했던 우리의 자화상이다. 일본이라는 나라의 일그러진 자화상이기도 하다. 그리웠던 고향, 시대의 굴레 속에서 마음처럼 쉽사리 돌아가지 못했던 눈물 속의 조국, 그리고 일본인이 되라. 아니면 이 땅에서 흔적조차 남기지 말고 떠나라며 '동화의 배제'를 강요해 온 일본. 그럼에도 아직까지 그 어느 쪽에도 제대로 편입되지 못한 재일조선인의 역사. 단바망간기념관은 아버지 이정호의 투쟁의 결정체이면서도, 일본 사회는 물론 한반도를 사는 우리 모두에게 경종이자 우리 후손에 대한 애정 어린 메시지다.

이미 많은 독자들이 공감하듯이 폐관된 망간광산 갱도를 다시 여는 일은 저자와 그 가족들만의 임무만은 아닐 터이다. 망간 300킬로그램을 앉은뱅이 자세로 짊어지는 중노동에 변변한 장례도 없이 아무렇게나 묻혀 죽어간 조선인 노동자들의 영혼의 무덤을 지키는 일. 이것은 같은 역사의 강 −아직도 규명되지 않고 청산되지 않은 혼탁한 강이지만− 을 타고 흘러온 우리 모두의 의무가 아닌가 생각한다.

때로는 바로 눈앞에서 오열하듯 전해지는 저자의 외침을 접하며 번역하던 손이 떨리고 눈물이 고였지만, 역자가 받은 그러한 살아 있는 전율이 과연 번역문을 통해 독자들에게 잘 전해졌는지 걱정스러울 뿐이다.

번역을 허락해주신 이용식 관장님께 감사드린다. 비록 기념관 폐관식 다음날 울창한 산림 속의 망간광산 터에서 단 한 번 밖에 만나 뵙지 못했지만, 그 여운이 오랫동안 가슴에 남는 참된 분이다. 그가 잇는 아버지의 여정, 재일조선인의 역사를 보존하고 인간다운 삶을 후손에 전하기 위한 고투에 이 땅의 많은 사람들이 동참할 수 있길 간절히 기원한다.

2010년 1월

배지원